Muttersprache 7

Arbeitsheft

Herausgegeben von Viola Oehme

Erarbeitet von
Karin Mann
Iris Marko
Antje Pechau
Petra Schön

VOLK UND WISSEN

Zu diesem Arbeitsheft gibt es einen passenden Schülerband (ISBN 978-3-06-061725-8).

Redaktion: Gabriella Wenzel
Bildbeschaffung: Angelika Wagener
Illustration: Susann Hesselbarth, Leipzig
Umschlaggestaltung: werkstatt für gebrauchsgrafik, Berlin
Layout und technische Umsetzung: Ines Schiffel, Berlin

Autorinnen und Redaktion danken Bernd Skibitzki für wertvolle Anregungen und praktische Hinweise bei der Entwicklung des Manuskripts.

Quellenangaben:
Texte: 6 Deutschlands 10- bis 15-Jährige … Aus: Fernsehgucker sterben früher. Online im Internet: http://www.geo.de/GEOlino [13.10.2010] **8** Kolumbus, Christoph: Schiffstagebuch. Aus dem Span. von Roland Erb. Leipzig: Reclam, 2001, S. 26 f. **10** Vegter, Chris: Mit geballter Faust. Aus dem Niederländ. von Eva Schweikart. München: Schneider, 1999, S. 5–7. **21** Untersuche, ob … Nach: Das große Buch der Experimente: über 200 Versuche aus allen Wissensgebieten. Ins Dt. übertr. von Anke Schreiber. Augsburg: Bechtermünz, 2000, S. 202–203. **24 f.** Schwab Gustav: Das Gewitter. Aus: Pinkerneil, Beate (Hg.): Das große deutsche Balladenbuch. Königstein/Ts.: Athenäum Verlag, 1978, S. 240–241. **27** Stuhrmann, Jochen; Gless, Florian: Anno 1450. Aus: Yuno, 1/2010, S. 84 ff. **32** *Diagramm:* Nach: Feierabend, Sabine, Rathgeb, Thomas: JIM-Studie 2010: Jugend, Information, (Multi-)Media. Basisuntersuchung zum Medienumgang 12- bis 19-Jähriger in Deutschland. Herausgegeben vom Medienpädagogischen Forschungsverbund Südwest. Stuttgart, 2010, S. 24. (http://www.mpfs.de) **60** *diplomatisch, Disco, downloaden:* Aus: Dudenredaktion (Hg.): Duden: Die deutsche Rechtschreibung. 25., völlig neu bearbeitete und erweiterte Auflage. Mannheim, Wien, Zürich: Dudenverlag, 2009, S. 349, 350, 358–359. **61** *Inhaltsverzeichnis des Regelteils:* Aus: Dudenredaktion (Hg.): Duden: Die deutsche Rechtschreibung. 25., völlig neu bearbeitete und erweiterte Auflage. Mannheim, Wien, Zürich: Dudenverlag, 2009, S. 25–26. **65** Kattas … Nach: http://www.wasistwas.de/aktuelles [08.12.2010] **66** Regennachmittage. Aus: Fühmann, Franz: Die dampfenden Hälse der Pferde im Turm von Babel. Berlin: Der Kinderbuchverlag, 1978, S. 63. **74** 80% aller Raucherinnen … Aus: Bundeszentrale für gesundheitliche Aufklärung. Online im Internet: http://www.rauchfrei-info.de/index.php?id=59 [18.11.2010] **75** *Diagramm:* Aus: Die Drogenaffinität Jugendlicher in der Bundesrepublik Deutschland 2008. Eine Wiederholungsbefragung der Bundeszentrale für gesundheitliche Aufklärung, Köln. Verbreitung des Tabakkonsums bei Jugendlichen und jungen Erwachsenen. Köln: 2009, S. 25, 57.
Fotos: 6 Emanuel Bloedt, Dortmund **14** Volker Döring, Hohen Neuendorf (2) **17** akg-images **19** picture-alliance / Lars Halbauer **30** akg-images **34** © PhotoAlto / Neville Mountford-Hoare **38** © Klaus Eppele – Fotolia.com **39** Klaus Rose, Iselohn **49** © Wolfgang Jargstorff – Fotolia.com **58** picture-alliance/dpa **77** © Andrei – Fotolia.com **78** © RRF – Fotolia.com **79** © Walter Luger – Fotolia.com **80** © Kathrin39 – Fotolia.com

www.cornelsen.de

Dieses Werk berücksichtigt die Regeln der reformierten Rechtschreibung und Zeichensetzung. Bei den mit R gekennzeichneten Texten haben die Rechteinhaber einer Anpassung widersprochen.

1. Auflage, 8. Druck 2022

Alle Drucke dieser Auflage sind inhaltlich unverändert und können im Unterricht nebeneinander verwendet werden.

Druck: Athesiadruck GmbH

ISBN 978-3-06-061775-3

PEFC zertifiziert
Dieses Produkt stammt aus nachhaltig bewirtschafteten Wäldern und kontrollierten Quellen.
www.pefc.de

PEFC/18-31-166

Inhalt

Zuhören – Sprechen – Schreiben

Meinungen austauschen – Diskutieren 4
Meinungen bilden und begründen 4
Schriftlich Stellung nehmen 6
Erzählen 8
Eine Geschichte nacherzählen 8
Gedanken und Gefühle anderer erkennen und darlegen 10
Eigene Gedanken und Gefühle wiedergeben 12
Beschreiben 14
Einen Vorgang beschreiben 14
Ein Experiment beschreiben 16
Ein Bild beschreiben 17
Berichten 19
Über eine Exkursion berichten 19
Ein Protokoll schreiben 21
Mitteilungen verfassen 22
Offizielle Briefe und E-Mails schreiben 22

Mit Texten und Medien umgehen

Balladen lesen und verstehen 24
Sachtexte erschließen 27
Einem Sachtext Informationen entnehmen 27
Informationen veranschaulichen 29
Die Gliederung eines Textes untersuchen 31
Informationen aus Grafiken entnehmen 32

Über Sprache nachdenken

Wortarten und Wortformen 35
Nominalisierte/Substantivierte Verben und Adjektive 35
Pronomen 37
Verben 39
Nicht veränderbare (nicht flektierbare) Wortarten 41
Satzbau und Zeichensetzung 43
Der einfache Satz 43
Der zusammengesetzte Satz 47
Kommasetzung bei Aufzählungen 51
Kommasetzung bei der Datumsangabe 52
Kommasetzung bei der Infinitivgruppe 53
Textgestaltung durch Satzverknüpfung 54
Wortbildung 55
Zusammensetzungen 55
Ableitungen 57

Richtig schreiben

Mit dem Wörterbuch arbeiten 59
Wörter nachschlagen 59
Regeln nachschlagen 61
Wortstämme richtig schreiben 62
Wörter mit *h* und ohne *h* 62
Konsonantenverdopplung nach kurzem Stammvokal 64
Wörter mit *s, ss, ß* im Wortstamm 66
Die Wortbausteine -*end*-, *ent*- und -*t*- 67
Groß- und Kleinschreibung 68
Die Schreibung von Eigennamen 68
Die Schreibung von Zeitangaben (Tageszeiten) 69
Getrennt- und Zusammenschreibung 70
Fest und unfest zusammengesetzte Verben 70
Fremdwörter 72

Teste dich selbst! 74

Meinungen austauschen – Diskutieren

Meinungen bilden und begründen

> **!**
>
> Mit einer **Meinung** drückt man seinen persönlichen Standpunkt zu einem Sachverhalt aus. Man benutzt Wendungen, wie z. B.:
>
> *Meiner Meinung nach ...*   *Es wäre wichtiger, dass ...*
> *Ich finde die Idee faszinierend ...*   *Ich bin dafür, dass ...*
> *Mein Vorschlag ist ...*   *In meinen Augen ist ...*
>
> Um seine Meinung zu **begründen**, kann man Wörter, wie *deshalb, darum, weil, aufgrund,* als Einleitung benutzen.

1 In der Klasse 7a steht zum wiederholten Mal das Thema „Handy im Unterricht" im Mittelpunkt.

a Lies das folgende Gespräch.

Maike	Ich habe einen Elternbrief bekommen, nur weil ich in Mathe auf die Uhr meines Handys geguckt habe. Das ist absolut übertrieben!
Lea	Da kann ich dir nicht zustimmen. Du musst dich schon an die Regeln halten, denn in der Hausordnung steht, dass das Benutzen von Handys im Unterricht verboten ist.
Martin	Das stimmt, doch die Hausordnung wurde ja auch fast nur von ziemlich alten Lehrern erarbeitet. Die lehnen doch alles Moderne ab.
Sven	Ich finde, Martin hat zum Teil Recht, denn einige Lehrer stehen der modernen Technik ziemlich misstrauisch gegenüber.
Anja	Was hat denn das mit dem Handyverbot zu tun? Ich denke, dass Handys im Unterricht stören, weil die Schüler abgelenkt werden.
Jonas	So sehe ich das auch. Einige würden doch nur spielen und andere vielleicht anklingeln, was zu weiteren Störungen führen könnte.
Florian	Jetzt übertreibt ihr aber. Die meisten benutzen das Handy doch nur, um zu wissen, wie spät es ist. Das ist nicht schlimm.
Nina	Das mag ja sein, aber es hat an anderen Schulen auch schon Vorfälle von Mobbing mit dem Handy gegeben. Ich denke, es wäre wichtig, dass in allen Unterrichtsräumen Uhren hängen, damit niemand einen Grund hat, sein Handy aus der Tasche zu holen.
Julia	Ich finde die Idee toll. Den Vorschlag werden wir im nächsten Schülerrat besprechen.

b Welches grundlegende Problem wird hier besprochen? Formuliere das Problem als Frage.

_____

_____

_____

_____

c Welche weiteren Probleme werden angesprochen?
Formuliere sie ebenfalls als Fragen.

_____

_____

_____

d Suche aus dem Gespräch die Meinungen der Schülerinnen und Schüler und ihre
Begründungen heraus und markiere beides verschiedenfarbig.

2 Formuliere die folgenden Sätze um.

1 Ich bin für ein Handyverbot im Unterricht.

Ich bin dafür, dass Handys _____

_____

2 Ich bin für das Anbringen von Uhren in den Klassenräumen.

_____

_____

3 Ich bin gegen die Verschärfung der Schulstrafen bei Schülern, die ihr Handy
im Unterricht benutzen.

_____

_____

_____

3 Wie stehst du zur Frage aus Aufgabe 1 b (S. 4)? Formuliere deine Meinung und
begründe sie.

Meinung: _____

_____

Begründung: _____

_____

_____

TIPP
Durch ein Beispiel
wird deine Begründung anschaulicher.

Schriftlich Stellung nehmen

Eine **schriftliche Stellungnahme** kann man z.B. als Leserbrief zu einem Artikel einer Zeitung oder Zeitschrift verfassen. Ein Leserbrief besteht aus:
- **Einleitung:** Man schreibt, auf welchen Artikel man sich bezieht.
- **Hauptteil:** Man formuliert kurz die eigene Meinung und begründet sie. Dabei bezieht man sich auch auf den Artikel.
- **Schluss:** Der eigene Standpunkt wird zusammengefasst.

1 In der Zeitschrift „GEOlino" wurde der folgende Artikel abgedruckt.

a Lies den Zeitschriftenartikel und formuliere die Hauptaussage.

Deutschlands 10- bis 15-Jährige sitzen im Durchschnitt täglich 118 Minuten vor der Glotze. Dabei gucken Kinder in ärmeren Familien mehr fern als jene in wohlhabenderen. Ginge es nach den Forschern der University of Otago in der neuseeländischen Stadt Dunedin,
5 dann sollten Eltern den TV-Konsum mit Verboten auf deutlich weniger als eine Stunde täglich verringern. Dass Vielgucker zu wenig Sport treiben, übergewichtig werden und dazu neigen, zu viel Fastfood, Knabberzeug und Softdrinks zu vertilgen, gilt Medizinern als längst erwiesen. Doch erst jetzt konnte man nachweisen, was das
10 Fehlverhalten im Kindesalter für das Erwachsenenleben bedeutet. Für ihre Studie registrierten die neuseeländischen Forscher vor 26 Jahren alle Neugeborenen in Dunedin und beobachteten in den nächsten Jahren deren Fernsehverhalten. Beim abschließenden Gesundheitscheck im Alter von 26 Jahren bestätigte sich nicht nur, dass Dauerglotzer
15 schlechte Blutwerte, schlappe Herzen, mangelhafte Cholesterinwerte und Übergewicht haben. Vielmehr scheinen die Betroffenen gar nicht in der Lage, ihr frühkindliches Fernsehverhalten als „vernünftige" Erwachsene noch zu ändern. Obwohl das Interesse am Fernsehen bei den meisten sinkt, läuft der TV-Apparat wie eh und je, futtern die Zuschauer unbedacht und werden immer dicker. Ihnen sei ein früher
20 Tod gewiss, urteilt Robert Hancox, der Projektleiter, in der Ärztezeitschrift „Lancet".

_____

_____

_____

b Schreibe die späteren Folgen von langem Fernsehen für die Kinder und Jugendlichen aus dem Text heraus.

_____

_____

_____

_____

2 Nach der Veröffentlichung des Artikels begann eine Leserdiskussion darüber, wie man Kinder und Jugendliche vor zu langem gesundheitsschädlichem Fernsehen schützen kann.

a Notiere deine Meinung zu dieser Frage in Stichpunkten. Ergänze auch Begründungen.

TIPP
Formuliere zuerst die Frage noch einmal genau: *Wie kann man …?*

Meinung	Begründung

b Formuliere nun deinen Standpunkt in vollständigen Sätzen. Du kannst dazu Wendungen aus der Wortliste verwenden.

WORTLISTE
zum einen –
zum anderen –
außerdem –
trotzdem –
des Weiteren –
abschließend

_____

_____

_____

_____

_____

Einen Leserbrief entwerfen und überarbeiten

3 Beteilige dich an der Leserdiskussion aus Aufgabe 2. Schreibe einen Leserbrief, in dem du zur diskutierten Frage Stellung nimmst.

a Anja hat folgende Einleitung für einen Leserbrief entworfen. Überprüfe, ob alle erforderlichen Informationen enthalten sind.

Liebe Redaktion,
ich habe Ihren Artikel gelesen und die Leserdiskussion mit Interesse verfolgt. Ich bin in der 7. Klasse und wir haben in der Schule über das Thema diskutiert. Ich habe auch eine Meinung dazu.

b Überarbeite die Einleitung und schreibe sie in dein Heft.

c Schreibe den Hauptteil und den Schluss des Briefs in dein Heft. Nutze dazu die Ergebnisse der Aufgabe 2 b.

TIPP
Ordne die Begründungen nach ihrer Überzeugungskraft.

d Überarbeite deinen Leserbrief. Achte besonders darauf, ob du deine Meinung klar und verständlich dargestellt und gut begründet hast. Gestalte die Endfassung in Form eines offiziellen Briefs.

Erzählen

Eine Geschichte nacherzählen

! In einer Nacherzählung wird eine vorgegebene Geschichte mit eigenen Worten erzählt. Der Inhalt muss sich genau an die Vorlage halten. Die Nacherzählung erfolgt meist im Präteritum.

1 Christoph Kolumbus (1451–1506) gilt als Entdecker Amerikas. Seine Erlebnisse hat er in einem Schiffstagebuch festgehalten. Lies den folgenden Textauszug.

Sonntag, 14. Oktober

„Beim Morgengrauen befahl ich, das Boot meines Schiffes und die kleinen Boote der Karavellen[1] herzurichten, und fuhr in nordnordöstlicher Rich-
5 tung an der Insel entlang, um jenen Teil zu sehen, der die andere Seite der Ostküste der Insel bildet, und auch, um die Ortschaften in Augenschein zu nehmen, und ich sah bald darauf
10 zwei oder drei, und die Menschen kamen alle an den Strand gelaufen und riefen uns zu und dankten Gott; die einen brachten uns Wasser, andere etwas zu essen; als sie sahen, dass ich keine Anstalten machte, an Land zu gehen, begannen einige, zu uns hinauszuschwimmen,
15 sie erreichten uns, und wir begriffen, dass sie uns fragten, ob wir vom Himmel gekommen seien; und ein Alter stieg zu uns ins Boot, und andere riefen mit lauter Stimme alle Männer und Frauen herbei: Kommt und seht die Männer, die vom Himmel herabgestiegen sind! Bringt ihnen zu essen und zu trinken! Es kamen viele Männer und viele Frauen, jeder brachte etwas mit, und sie dankten Gott, sie warfen
20 sich zu Boden und erhoben die Hände zum Himmel, und danach riefen sie laut, wir sollten an Land kommen; doch ich fürchtete, weiter heranzufahren, weil ich sah, dass die ganze Insel von einem Ring aus Riffen eingeschlossen war, aber zwischen ihm und dem Land ist ein tiefes Becken und ein Hafen, in dem alle Schiffe der ganzen Christenheit Platz finden könnten, die Einfahrt ist allerdings sehr eng. […]
25 […] an die besagte kleine Insel schließt sich eine Gartenlandschaft an mit den schönsten Bäumen, die ich jemals gesehen habe, sie sind so grün, und ihre Blätter gleichen denen der Bäume Kastiliens[2] in den Monaten April und Mai, und viel Wasser gibt es dort. Ich nahm den natürlichen Hafen gründlich in Augenschein, kehrte danach zum Schiff zurück und setzte die Segel, und ich sah so viele Inseln, dass ich
30 unschlüssig war, wohin ich zuerst fahren sollte, und die Männer, die ich mitgenommen hatte, gaben mir durch Zeichen zu verstehen, es seien so viele und immer noch mehr, sodass man sie gar nicht zählen könne, und sie nannten über hundert beim Namen. Deshalb versuchte ich zu ergründen, welche die größte sei, und nach jener beschloss ich zu fahren. […] Alle Inseln sind sehr flach, ganz ohne Berge und
35 äußerst fruchtbar, alle sind bewohnt, und ihre Einwohner liegen miteinander in Fehde, wenn es auch sehr einfache, harmlose Leute sind, die einen sehr schönen Körperbau haben.“

[1] mittelalterliches Segelschiff

[2] mittelalterliches Königreich, heute Region in Spanien

2 Erzähle den Tagebucheintrag von Kolumbus nach.

Eine Nacherzäh-
lung planen

a Notiere zuerst die wichtigsten Aussagen in Stichpunkten.

Erzähler: _____

Ort/Zeit: _____

_____

handelnde Personen: _____

_____

Handlungsverlauf: _____

_____

_____

_____

_____

_____

_____

Gedanken, Gefühle: _____

_____

_____

b Vergleiche deine Stichpunkte mit der Textvorlage und korrigiere, wenn nötig.

Textteile entwerfen

c Formuliere eine geeignete Einleitung.

In seinem Schiffstagebuch erzählt _____

_____

_____

_____

TIPP
Benutze beschrei-
bende Adjektive
und treffende
Verben.

d Erzähle die Geschichte mithilfe deines Stichpunktzettels mündlich nach.

Gedanken und Gefühle anderer erkennen und darlegen

! Texte werden durch die Darstellung von **Gedanken und Gefühle der handelnden Personen oder Figuren** besonders anschaulich und einprägsam. Häufig verwendet man dabei sprachliche Mittel, wie treffende Adjektive und Verben, Vergleiche, bildhafte Ausdrücke, Redewendungen, Ausrufe- und Fragesätze.

1 Sander möchte alles gut machen, aber nichts gelingt: schlechte Noten, falsche Freunde und dann eine Menge Ärger. Lies den Anfang des Buchs „Mit geballter Faust".

Die Tür knallt zu. Sander geht mit mürrischer Miene in die Garage. Er ist stinkwütend und hat nicht vor, so bald wieder zum Vorschein zu kommen.

Zornig tritt er gegen einen Karton mit alten Zeitungen. Es ist einfach gemein von Paps! Nie darf er was! Am liebsten würde er weglaufen. Sich irgendwo verstecken,

5 wo keiner ihn findet. Aber wo soll er hin? Seit den Sommerferien hat er keine Freunde mehr. Und zu Oma und Opa braucht er auch nicht zu gehen. Die rufen sofort Paps und Mama an.

Mit den Händen tief in den Taschen geht Sander in den hintersten Teil der Garage. Auf der Werkbank sieht er den Werkzeugkasten seines Vaters. Sander macht ihn

10 auf, nimmt einen Hammer und schlägt mit voller Wucht auf eine Dose Nägel.

„Paps traut mir einfach gar nichts zu", schimpft er. „Nicht einmal helfen darf ich Femke. Nicht einmal jetzt, wo sie mich darum gebeten hat."

Heute Mittag hat er zusammen mit seiner Schwester schon mal angefangen, das Essen vorzubereiten. [...] Beim Zwiebelschneiden fragte Femke Sander, ob er ihren

15 Zeitungsjob machen wolle. Sie geht für vier Tage auf Klassenfahrt.

Sander wollte schon gern. „Aber ich glaub nicht, dass es Paps recht ist", sagte er gleich. [...] Paps zieht Femke einfach vor, und Sander ahnt auch, warum. Femke ist eben in allem besser als er. Sie lernt leicht, ist sportlich und sagt immer genau das Richtige. Überall ist sie beliebt. Das merkt Sander ganz deutlich an den Jungen, die

20 sie ständig anrufen.

Bei ihm ist das anders. In der Schule läuft es miserabel. Letztes Jahr ist er als Einziger in der Sechsten sitzen geblieben. Die paar Freunde, die er hatte, sind in die Orientierungsstufe gekommen. Im Sport ist er auch keine Kanone. [...]

Als ihr Vater nach Hause kam, fragte Femke ihn gleich um Erlaubnis. Paps hat San-

25 der angesehen und gesagt, er halte ihn für zu jung. [...] „Helfen ist etwas anderes als selbstständig Zeitungen austragen", war seine Antwort.

2 Im Text werden die Gedanken und Gefühle von Sander dargestellt.

a Unterstreiche Textstellen, die seine Gedanken und Gefühle ausdrücken.

b Bezeichne Sanders Gedanken und Gefühle und ordne ihnen die Textstellen zu.

Gedanken/Gefühle	Textstelle
Unzufriedenheit	*mit mürrischer Miene*

c Der Text wird durch die Verwendung verschiedener sprachlicher Mittel anschaulich. Suche im Text Beispiele dafür.

treffende Verben: knallt,

treffende Adjektive:

Fragen:

Vergleiche:

3 Ordne den jeweiligen Gefühlen einen geeigneten sprachlichen Ausdruck zu. Verbinde sie durch eine Linie.

erschöpft sein	in der Luft hängen
sich wohl fühlen	sich auf den Schlips getreten fühlen
beleidigt sein	sich wie gerädert fühlen
im Ungewissen sein	sich wie ein Fisch im Wasser fühlen
wütend sein	schlotternde Knie haben
aufgeregt, ängstlich sein	einen Kloß im Hals haben
gerührt sein	geladen sein

Eigene Gedanken und Gefühle wiedergeben

1 Stelle dir vor, du sitzt nach den Ferien mit deinen Freunden im Schulklub zusammen und ihr tauscht euch über lustige Erlebnisse aus.

a Sammle Beispiele für lustige Situationen.

1. *neugieriger Spatz auf dem Frühstückstisch*

2. _____

_____

_____

_____

b Suche jeweils treffende Verben oder Adjektive zu den Beispielen aus Aufgabe a.

1. *neugierig, stibitzt,* _____

2. _____

_____

_____

_____

2 Um Gedanken und Gefühle anschaulich auszudrücken, benutzt man oft Redewendungen. Ordne die folgenden Redewendungen richtig zu.

auf keine Kuhhaut – einen Frosch im Hals – eine Ente – sich krankgelacht

1 Wenn in der Zeitung eine Falschmeldung steht, dann ist das _____

_____

2 Wenn man so lange lacht, bis einem der Bauch weh tut, dann hat man _____

_____

3 Wenn jemand heiser ist und kaum sprechen kann, dann hat er _____

_____

4 Wenn etwas eine Frechheit und unerträglich ist, dann passt es _____

_____

3 Oft ist das passende Wort entscheidend für eine interessante Erzählung.
Ergänze die Wortfelder.

lachen, kichern, lächeln, _____

essen, _____

neugierig, _____

komisch, _____

4 Erzähle, was du Lustiges erlebt hast. Gib dabei vor allem deine Gedanken und
Gefühle wieder. Nutze deine Beispiele aus Aufgabe 1 a und b.

**Die Erzählung
planen**

a Entwirf zuerst einen Erzählplan.

Einleitung:

> **TIPP**
> Nutze geeignete
> Methoden zum
> Ideensammeln, z.B.
> Brainstorming oder
> Cluster.

Allgemeines, Situation	Meine Gedanken und Gefühle

Hauptteil:

Ereignisse, Beobachtungen	Meine Gedanken und Gefühle

Schluss:

Situation, Ergebnis	Meine Gedanken und Gefühle

**Den Entwurf
schreiben und
überarbeiten**

b Schreibe einen Entwurf deiner Erzählung, überarbeite ihn und schreibe die Endfassung in dein Heft.

5 Erzähle von einem Erlebnis. Entscheide dich für eine spannende, beängstigende oder lustige Situation. Gib dabei vor allem deine Gedanken und Gefühle wieder.

Beschreiben

Einen Vorgang beschreiben

> **!** Eine Bedienungsanleitung ist eine besondere Form der **Vorgangsbeschreibung**, die sich auf wiederholbare Vorgänge bezieht. Sie muss die notwendigen Bestandteile und die richtige Reihenfolge der Handlungen und Teilhandlungen enthalten.
> Eine Vorgangsbeschreibung wird in der Regel im **Präsens** verfasst und sachlich formuliert, oft muss man Fachwörter verwenden. Ob die **persönliche** oder die **unpersönliche Ausdrucksweise** verwendet wird, hängt vom Adressaten ab.

1 Im Physik- oder Biologieunterricht ist der Gasbrenner ein wichtiges Arbeitsgerät. Bist du fit für den Brennerführerschein?

Die Beschreibung planen

a Ordne die folgenden Fachbegriffe den Teilen des Gasbrenners und der Flamme zu.

Regulierung der Luftzufuhr – Außenkegel (ca. 1 200 °C) – Schornstein mit Gas-Luft-Gemisch – Gaszufuhr – Brennerfuß – Regulierung der Gaszufuhr – heißeste Zone (ca. 1 500 °C) – Innenkegel (ca. 300 °C)

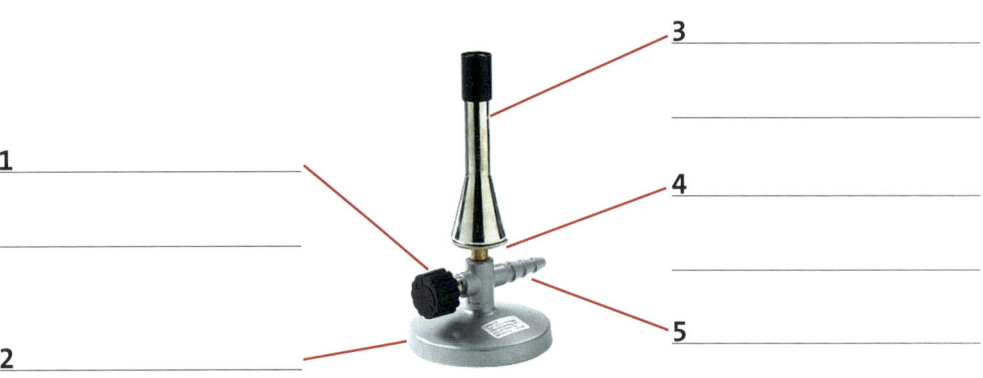

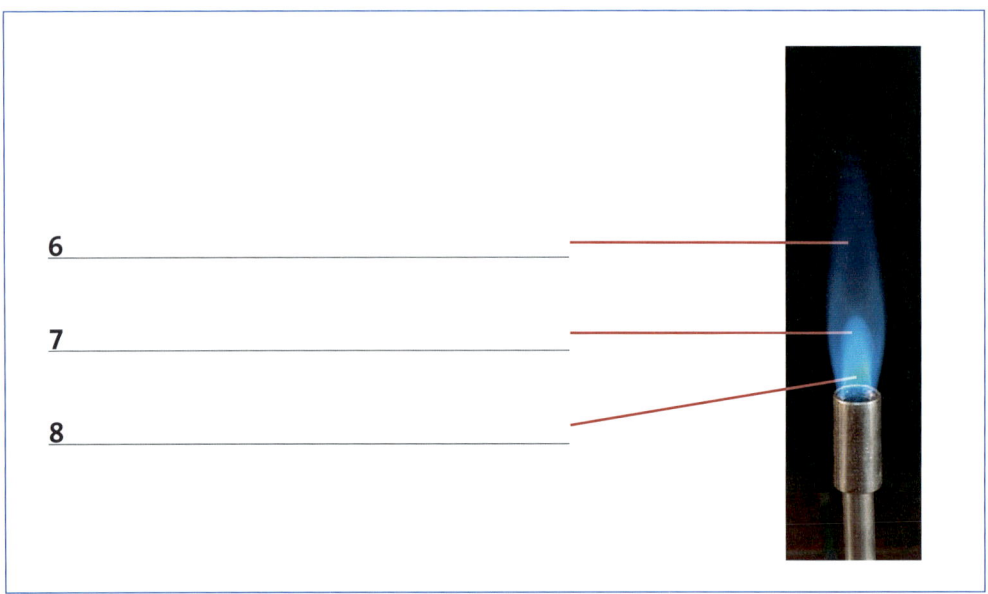

b Ordne die folgenden Teilhandlungen in der richtigen Reihenfolge.

> Überprüfen des sicheren Anschlusses an die Gasversorgung – Schließen der Luft- und Gaszufuhr am Brenner – Öffnen der Gaszufuhr am Brenner und Entzünden des Gases – Öffnen der Luftzufuhr – Öffnen der Gaszufuhr am Experimentiertisch – Schließen der Gaszufuhr am Experimentiertisch – Schließen der Luft- und Gaszufuhr am Brenner

Entzünden der Brennerflamme

1. Überprüfen _____

2. _____

3. _____

4. _____

5. _____

Löschen der Brennerflamme

6. _____

7. _____

2

Den Entwurf schreiben

a Entwirf eine Bedienungsanleitung für die Arbeit mit dem Gasbrenner. Formuliere in unpersönlicher Ausdrucksweise. Schreibe in dein Heft.

Den Entwurf überarbeiten

b Überarbeite deinen Entwurf mithilfe der folgenden Checkliste und schreibe die Endfassung in dein Heft.

TIPP
Ihr könnt auch eine Schreibkonferenz durchführen.

1. Schreibaufgabe überdenken
  • Für wen? Für welchen Zweck? ☐

2. Inhalt überarbeiten
  • Reihenfolge der (Teil-)Handlungen richtig? ☐
  • Etwas ergänzen oder streichen? ☐
  • Einleitung und Schluss (um-)gestalten? ☐

3. Wortwahl überarbeiten
  • Gegenstände, (Teil-)Handlungen genauer bezeichnen? ☐
  • Wortwahl verbessern? ☐

4. Satzbau überarbeiten
  • Satzverknüpfungen abwechslungsreicher/sinnvoller gestalten? ☐
  • Zusammengesetzte Sätze bilden? ☐
  • Zu lange Sätze auflösen? ☐

5. Rechtschreibung und Zeichensetzung korrigieren
  • Alles richtig geschrieben? ☐
  • Alle Satzzeichen vorhanden? ☐

Ein Experiment beschreiben

 Experimente werden **beschrieben**, um ihre Durchführung anzuleiten und/oder anschaulich zu dokumentieren. Eine Beschreibung muss Folgendes enthalten:
- die Untersuchungsaufgabe,
- alle verwendeten Geräte und Materialien,
- die auszuführenden Handlungen und Teilhandlungen,
- die beobachteten Ergebnisse des Experiments.

1 Im Physikunterricht wird ein Experiment durchgeführt. Anschließend soll der Versuch in einem Protokoll dokumentiert werden.

Die Beschreibung planen

a Ordne die folgenden Angaben in der richtigen Reihenfolge und trage die Nummern in die Kästchen ein.

1	Nachweis des Wirkens von Luftdruck in alle Richtungen
☐	Glas randvoll mit Wasser füllen
☐	Hand von der Karte nehmen
☐	Postkarte mit der glatten Seite auf das Glas schieben
☐	der Luftdruck, der von unten auf die Postkarte drückt, ist größer als das Gewicht des Wassers im Glas
☐	Hand auf die Karte legen und Glas umdrehen
☐	Karte bleibt am Rand des Glases haften, Wasser fließt nicht heraus

Einen Entwurf schreiben und überarbeiten

b Lege aus den Angaben in Aufgabe a eine Materialliste an.

Materialien: _____

_____

c Beschreibe den Verlauf und die Ergebnisse des Experiments.

Das Glas wird randvoll mit Wasser gefüllt. _____

_____

TIPP
Nimm die Überarbeitungsschritte von S. 15 zu Hilfe.

_____

_____

_____

_____

_____

_____

Ein Bild beschreiben

Eine **Bildbeschreibung** gibt wieder, was auf einem Bild zu sehen ist und wie es dargestellt wurde. Sie kann wie folgt aufgebaut werden:

* **Einleitung:** Benennen der Art des Bildes, des Künstlers, der Entstehungszeit und des Bildinhalts im ersten Überblick
* **Hauptteil:** Beschreiben der Einzelheiten in geordneter Reihenfolge, z. B. vom Hintergrund zum Vordergrund, von rechts nach links, vom Auffälligen zum Unauffälligen; Benennen der Gestaltungselemente und ihrer Wirkung, z. B. Farben, Formen, Kontraste
* **Schluss:** Zusammenfassen des Gesamteindrucks des Bildes auf den Betrachter

Eine Bildbeschreibung erfolgt im Präsens.

1 Édouard Manet (1832–1883) war ein berühmter französischer Maler. Betrachte sein Bild und notiere ungeordnet deine ersten Gedanken und Gefühle.

Seifenblasen, 1867.
Ölfarbe auf Leinwand

_____

_____

_____

_____

_____

_____

2 Beschreibe das Bild so, dass es sich jemand vorstellen kann, der es nicht kennt.

Die Beschreibung
planen

a Notiere zuerst einige Stichpunkte für deine Bildbeschreibung. Nutze die Wortliste.

Junge – linke Hand – Schale mit Flüssigkeit – Seifenlauge – Strohhalm – pusten –
schauen – kugelförmig – weiße Farbtupfer – dunkler Hintergrund – Vordergrund – Mauer

Einleitung: Ölgemälde von _____

_____

_____

Hauptteil: im Vordergrund _____

_____

_____

_____

_____

_____

_____

Schluss: _____

_____

_____

b Welche Stimmung drückt die Farbgebung aus? Wähle passende Beispiele aus und
unterstreiche sie.

düster – heiter – freundlich – bedrohlich – friedlich – dunkel – hell

c Benenne die Farben des Bildes.

_____

_____

Einen Entwurf
schreiben

d Schreibe einen Entwurf der Bildbeschreibung in dein Heft. Lass einen breiten Rand
zum Überarbeiten.

Den Entwurf
überarbeiten

e Überarbeite den Entwurf und schreibe die Endfassung in dein Heft.

Berichten

Über eine Exkursion berichten

> **!** Beim **Berichten über Exkursionen** werden Beobachtungen eines tatsächlichen Geschehens knapp und in sachlicher Sprache wiedergegeben. Schriftliche Exkursionsberichte werden in der Regel im Präteritum verfasst, die zeitliche Abfolge wird genau eingehalten.
> Die Antworten auf die **W-Fragen** (*Wer? Wann? Wo? Was? Wie?*) liefern die grundlegenden Informationen.

1 Tim soll für die Schülerzeitung einen Exkursionsbericht schreiben. Er fertigt zuerst einen Stichpunktzettel an.

Einen Exkursionsbericht planen

a Lies seine Notizen.

Exkursion rund ums Salz

- Mittwoch, den 21. April
- Klasse 7 a, 8:00 Uhr – Treffpunkt Borlachplatz Bad Dürrenberg vor dem Borlach-Museum
- Chemielehrerin – Anwesenheitskontrolle, Tom verspätete sich
- Darstellung des Wegs der Sole zum Salz
- Schüleraufgabe: Notizen machen
- Leon ohne Fotoapparat, Anne mit Handy
- Ausstellung über die Herstellung von Salz im Ort
- Modell eines Gradierwerks, Lebenslauf des Bergrats Johann Gottfried Borlach
- Museumsleiter – lustige Geschichten rund um das Salz
- Sole schmeckte eklig
- Luft am Gradierwerk – Hilfe bei Atemwegserkrankungen
- Aufstieg auf Gradierwerk – toller Ausblick, sehr windig
- nach einer Stunde Besichtigung des Gradierwerks
- 12 m hohes Bauwerk
- gegen 10:00 Uhr gemeinsamer Rückweg zur Schule

b Überlege, welche Stichpunkte Tim für den Bericht nicht benötigt. Streiche sie durch.

c Sammle aussagekräftige Verben, die Tim für den Artikel in der Schülerzeitung braucht.

TIPP
Sammle geeignete Verben mithilfe eines Wortfelds.

treffen, kontrollieren, _____

_____

_____

_____

_____

d Ordne die benötigten Notizen und die passenden Verben in einer sinnvollen Reihenfolge den *W*-Fragen zu.

Wer? Klasse 7 a

TIPP
Die *W*-Fragen fin-
dest du im Merk-
kasten auf S.19.

_____

_____

_____

_____

_____

_____

_____

_____

_____

_____

_____

_____

_____

_____

_____

_____

_____

_____

Einen Entwurf
schreiben und
überarbeiten

2

a Schreibe einen Entwurf deines Berichts ins Heft.

b Überarbeite deinen Entwurf. Konzentriere dich dabei auf Folgendes:
Prüfe,
   • ob du alle Aussagen in der richtigen Reihenfolge dargestellt hast.
   • ob du die Sätze sinnvoll miteinander verbunden hast.
   • ob du aussagekräftige Verben verwendet hast.

Ein Protokoll schreiben

 Ein **Protokoll** ist eine besondere Form des **Berichts**, mit dem man kurz und sachlich informiert oder etwas dokumentiert. Es gibt **Verlaufsprotokolle**, in denen der Verlauf und die Ergebnisse festgehalten werden, und **Ergebnisprotokolle**, in denen nur die Ergebnisse notiert werden.

Ein **Versuchsprotokoll** ist eine besondere Form des Verlaufsprotokolls. Folgende Angaben sollten enthalten sein:

- Name, Klasse, Datum,
- Aufgabenstellung,
- Materialien und Geräte,
- Durchführung des Experiments,
- Beobachtungen,
- Entsorgung der Materialien,
- Auswertung der Beobachtungen.

1 In der AG Chemie wird folgendes Experiment durchgeführt.

a Lies die Angaben zu dem Versuch.

- Untersuche, ob Salz, Mehl und Wasser in einem Gemisch umgewandelt werden.
- feines Salz, weißes Mehl, ein Löffel, Wasser, ein Bogen Löschpapier, ein Trichter, ein durchsichtiger Krug und eine große durchsichtige Schüssel
- Mit dem Löffel werden Salz und Mehl im Krug zu gleichen Teilen gemischt.
- Beide Stoffe des Gemischs sind nicht zu unterscheiden.
- Wasser wird in den Krug gegossen, alles umgerührt und eine Weile gewartet.
- Nach einigen Minuten setzt sich das Mehl am Boden des Krugs ab.
- Mehl löst sich nicht im Wasser, es trennt sich von ihm und setzt sich am Boden ab. Man spricht von Dekantierung.

- Aus dem Löschpapier wird ein geschlossener Filter geformt, der im Trichter platziert wird.
- Das Gemisch im Krug wird wieder verrührt und durch den Filter in die Schüssel gegossen.
- Der Filter wird aus dem Trichter genommen und zum Trocknen ausgelegt.
- Die Schüssel wird an einen warmen Ort gestellt, bis das Wasser verdunstet ist.
- Im Filter hat sich das Mehl gesammelt.
- Die Mehlmoleküle sind zu groß, um das Löschpapier zu durchdringen, daher sammeln sie sich im Filter. Dieses System der Trennung von Stoffen nennt man Filtration.

- In der Schüssel bleibt nach der Verdunstung des Wassers eine Salzkristallschicht.
- Das Salz hat sich im Wasser gelöst und es bleibt gelöst, bis das Wasser durch die Wärmeeinwirkung verdampft. Dann geht das Salz in Form von Kristallen wieder in den festen Zustand über. Dieses Trennverfahren der Bestandteile einer Lösung heißt Kristallisation.

- Die Stoffe eines Gemischs werden nicht umgewandelt und können leicht wieder voneinander getrennt werden.
- Das Löschpapier und die Salzkristallschicht werden im Hausmüll entsorgt.

b Schreibe ein Versuchsprotokoll zu diesem Experiment in dein Heft. Halte dich dabei an den Merkkasten.

Mitteilungen verfassen

Offizielle Briefe und E-Mails schreiben

! **Offizielle Briefe** und E-Mails sollten sachlich und knapp, jedoch höflich formuliert werden. Die Adresse des **Absenders** und die des **Empfängers** stehen links oben untereinander. Rechts oben stehen **Ort** und **Datum**. In der **Betreffzeile** wird kurz der Anlass des Briefs formuliert, z.B.:
Anfrage zur Betriebsbesichtigung
Die **Anrede** lautet:
Sehr geehrte Frau Mustermann, ... Sehr geehrter Herr Mustermann, ...
Sehr geehrte Damen und Herren, ...
Man verwendet im Brieftext die **Anredepronomen** *Sie, Ihr(-e)*.
Am Schluss des Briefs steht die **Grußformel**: *Mit freundlichen Grüßen*
Darunter folgt die **persönliche Unterschrift**.

1 Ordne folgende Bestandteile dem Musterbrief zu.

Absender – Empfänger – Ort, Datum – Betreffzeile – Anrede – Brieftext –
Grußformel – persönliche Unterschrift

Klasse 7 b   Bad Dürrenberg, 03.09.20...
J.-G.-Borlach-Sekundarschule
Heinrich-Heine-Str. 34
06231 Bad Dürrenberg

Grassi-Museum Leipzig
Johannisplatz 5
04103 Leipzig

Bitte um Zusendung eines Veranstaltungskatalogs

Sehr geehrte Damen und Herren,

unsere Klasse plant im Frühjahr eine Exkursion nach Leipzig. Wir sind
24 Schülerinnen und Schüler und möchten eine Vormittagsveranstaltung
in Ihrem Haus besuchen. Um eine Vorauswahl treffen zu können, bitten
wir um die Zusendung des Veranstaltungskatalogs.

Mit freundlichen Grüßen

Alex Müller
Alex Müller
Klassensprecher

2 Formuliere zu folgenden Inhalten eine passende Betreffzeile.

TIPP
Verwende in der Betreffzeile nominalisierte/substantivierte Verben.

1 Die Klasse 7 b möchte am Zeitungsprojekt „Klasse" der „Mitteldeutschen Zeitung" teilnehmen.

_____

2 Eine Klasse muss eine geplante Führung im Museum absagen, weil die Lehrerin erkrankt ist.

_____

3 Du hast eine Einladung zum Sommertraining deines Sportklubs bekommen und möchtest deine Teilnahme zusagen.

_____

3 Setze die Anredepronomen ein. Achte auf die richtige Schreibweise.

An:	praxis-albrecht@mailbox.de
Betreff:	Projekt Gesunde Ernährung

Sehr geehrte Frau Dr. Albrecht,

wir bedanken uns bei _____ für _____ Zusage, an unserem Biologieprojekt „Gesunde Ernährung" am 10. Dezember teilzunehmen.

Wir freuen uns schon sehr auf _____ Kommen. Einige von uns sind

_____ aus _____ Arztpraxis bekannt.

Wir schlagen _____ vor, dass wir uns in der nächsten Woche

über den genauen Ablauf der Veranstaltung abstimmen.

Bitte teilen _____ uns einen Termin mit.

Mit freundlichen Grüßen

Arne Bachmann

Einen Brief entwerfen und überarbeiten

4 Für das Bioprojekt benötigt ihr noch Obst und Gemüse. Formuliere einen Brieftext an einen möglichen Sponsor. Schreibe in dein Heft.

TIPP
Wähle am PC die Schriftart Arial oder Times und die Schriftgröße 11 oder 12.

a Schreibe zuerst einen Entwurf. Orientiere dich am Musterbrief aus Aufgabe 1 (S. 22).

b Überarbeite deinen Entwurf. Achte besonders auf die Rechtschreibung und Zeichensetzung.

c Schreibe die Endfassung des Briefs handschriftlich auf weißes DIN-A4-Papier oder schreibe den Brief am Computer.

Balladen lesen und verstehen

> **!** Eine **Ballade** (Erzählgedicht) ist ein mehrstrophiges, meist gereimtes Gedicht, das die
> **Merkmale** von Geschichten, Gedichten und Dramen in sich vereint:
> • Es wird eine spannende Geschichte erzählt.
> • Sie hat einen ähnlichen Aufbau wie ein Gedicht (Strophen, Reime).
> • Sie enthält meist wörtliche Rede und einen dramatischen Handlungsverlauf.

1

a Lies das folgende Gedicht von Gustav Schwab (1792–1850).

Das Gewitter

Urahne, Großmutter, Mutter und Kind

In dumpfer Stube beisammen sind;

Es spielet das Kind, die Mutter sich schmückt,

Großmutter spinnet, Urahne gebückt

5 Sitzt hinter dem Ofen im Pfühl[1] –

Wie wehen die Lüfte so schwül!

Das Kind spricht: „Morgen ist's Feiertag,

Wie will ich spielen im grünen Hag[2],

Wie will ich springen durch Tal und Höh'n,

10 Wie will ich pflücken viel Blumen schön;

Dem Anger[3], dem bin ich hold!" –

Hört ihr's, wie der Donner grollt?

Die Mutter spricht: „Morgen ist's Feiertag,

Da halten wir fröhlich Gelag,

15 Ich selber, ich rüste mein Feierkleid;

Das Leben, es hat auch Lust nach Leid,

Dann scheint die Sonne wie Gold!" –

Hört ihr's, wie der Donner grollt?

Großmutter spricht: „Morgen ist's Feiertag,

20 Großmutter hat keinen Feiertag,

Sie kochet das Mahl, sie spinnet das Kleid,

Das Leben ist Sorg' und viel Arbeit;

[1] Bett, Kissen, weiches Lager
[2] Hain, kleiner Wald
[3] Wiese

Wohl dem, der tat, was er sollt!" –

Hört ihr's, wie der Donner grollt?

25 Urahne spricht: „Morgen ist's Feiertag,

Am liebsten morgen ich sterben mag:

Ich kann nicht singen und scherzen mehr,

Ich kann nicht sorgen und schaffen schwer,

Was tu' ich noch auf der Welt?" –

30 Seht ihr, wie der Blitz dort fällt?

Sie hören's nicht, sie sehen's nicht,

Es flammet die Stube wie lauter Licht:

Urahne, Großmutter, Mutter und Kind

Vom Strahl miteinander getroffen sind,

35 Vier Leben endet ein Schlag –

Und morgen ist's Feiertag.

b Erzähle die Ballade mündlich nach. Notiere dazu Stichpunkte neben dem Text.

→ http://de.wiki-
source.org/wiki/
Das Gewitter
(Schwab)

c Informiere dich im Internet, welches tatsächliche Ereignis Gustav Schwab in der Ballade verarbeitet hat.

_____

_____

_____

_____

_____

_____

_____

_____

d Stelle dir vor, dieses Ereignis wäre heute passiert. Verfasse einen Bericht für die Lo-kalseite deiner örtlichen Zeitung über das Geschehen und schreibe ihn in dein Heft. Achte dabei auf die Merkmale eines Berichts. Ordne die Fakten mithilfe der W-Fragen.

2 Weise nach, dass „Das Gewitter" eine Ballade ist. Ergänze dazu die folgende Tabelle.

	Das Gewitter
erzählerische Elemente • Geschichte wird erzählt	
dramatische Elemente • wörtliche Rede • dramatischer Handlungsverlauf	
lyrische Elemente • Dichter • Thema • Stimmung • Zahl der Strophen • Zahl der Verse • Reime/Reimschema	
Sprache • sprachliche Bilder • sonstige sprachliche Besonderheiten	

TIPP
Trage Lesehilfen in
den Text ein.

3 Bereite die Ballade „Das Gewitter" für einen Lesevortrag vor. Bringe die Stimmung des Textes durch Tonfall und Sprechtempo zum Ausdruck.

Sachtexte erschließen

Einem Sachtext Informationen entnehmen

! Um schnell einen Überblick über den Inhalt eines Sachtextes zu erhalten, überfliegt man ihn mit den Augen (orientierendes Lesen). Will man durch **überfliegendes Lesen** feststellen, ob bestimmte Informationen im Text enthalten sind, dann kann man sich an **Schlüsselwörtern** orientieren.

1

a Erfasse das Thema des folgenden Textes durch orientierendes Lesen.

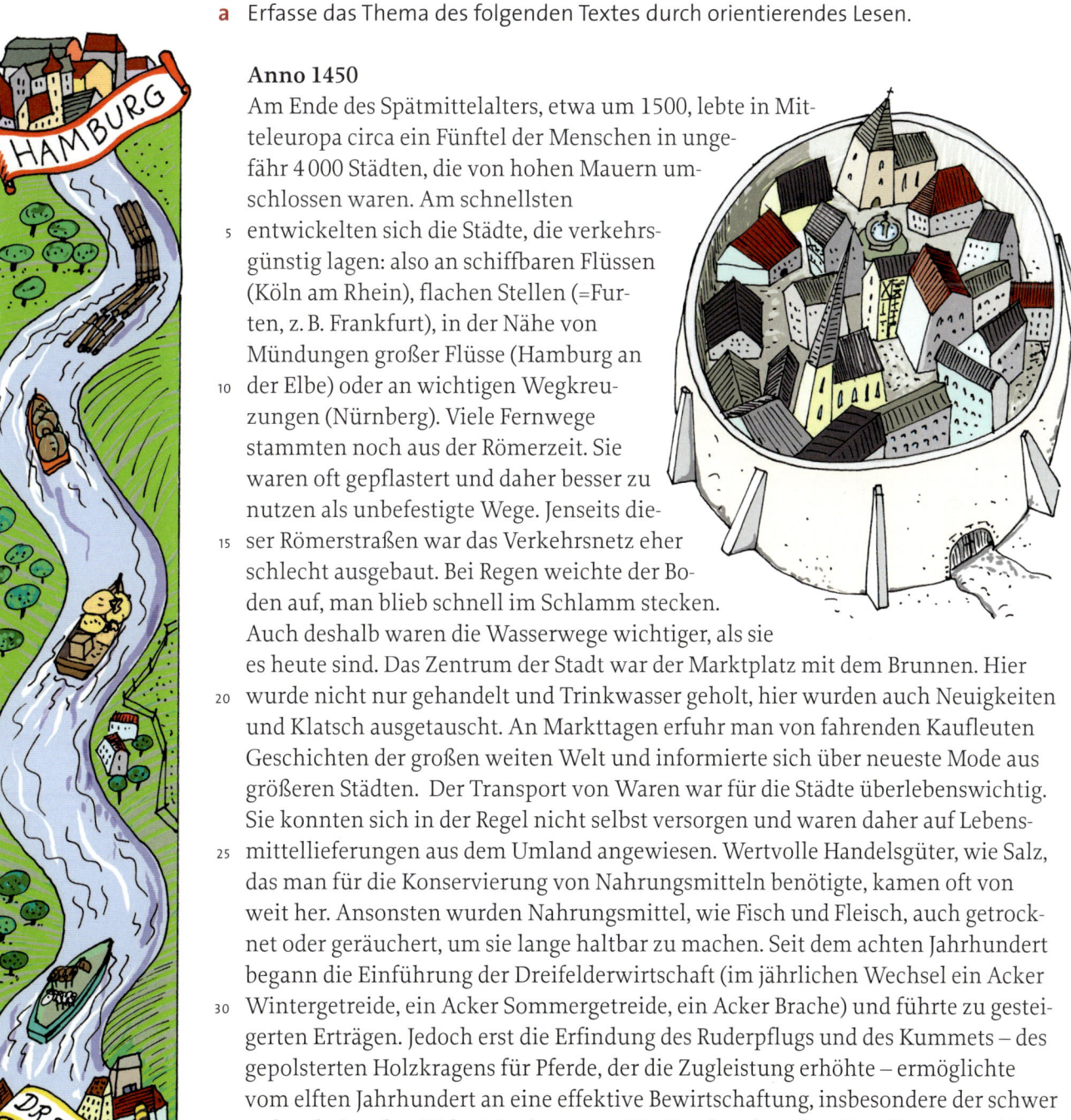

Anno 1450

Am Ende des Spätmittelalters, etwa um 1500, lebte in Mitteleuropa circa ein Fünftel der Menschen in ungefähr 4 000 Städten, die von hohen Mauern umschlossen waren. Am schnellsten

5 entwickelten sich die Städte, die verkehrsgünstig lagen: also an schiffbaren Flüssen (Köln am Rhein), flachen Stellen (=Furten, z. B. Frankfurt), in der Nähe von Mündungen großer Flüsse (Hamburg an

10 der Elbe) oder an wichtigen Wegkreuzungen (Nürnberg). Viele Fernwege stammten noch aus der Römerzeit. Sie waren oft gepflastert und daher besser zu nutzen als unbefestigte Wege. Jenseits die-

15 ser Römerstraßen war das Verkehrsnetz eher schlecht ausgebaut. Bei Regen weichte der Boden auf, man blieb schnell im Schlamm stecken. Auch deshalb waren die Wasserwege wichtiger, als sie es heute sind. Das Zentrum der Stadt war der Marktplatz mit dem Brunnen. Hier

20 wurde nicht nur gehandelt und Trinkwasser geholt, hier wurden auch Neuigkeiten und Klatsch ausgetauscht. An Markttagen erfuhr man von fahrenden Kaufleuten Geschichten der großen weiten Welt und informierte sich über neueste Mode aus größeren Städten. Der Transport von Waren war für die Städte überlebenswichtig. Sie konnten sich in der Regel nicht selbst versorgen und waren daher auf Lebens-

25 mittellieferungen aus dem Umland angewiesen. Wertvolle Handelsgüter, wie Salz, das man für die Konservierung von Nahrungsmitteln benötigte, kamen oft von weit her. Ansonsten wurden Nahrungsmittel, wie Fisch und Fleisch, auch getrocknet oder geräuchert, um sie lange haltbar zu machen. Seit dem achten Jahrhundert begann die Einführung der Dreifelderwirtschaft (im jährlichen Wechsel ein Acker

30 Wintergetreide, ein Acker Sommergetreide, ein Acker Brache) und führte zu gesteigerten Erträgen. Jedoch erst die Erfindung des Ruderpflugs und des Kummets – des gepolsterten Holzkragens für Pferde, der die Zugleistung erhöhte – ermöglichte vom elften Jahrhundert an eine effektive Bewirtschaftung, insbesondere der schwer zu bearbeitenden Böden Nordeuropas. Die Handwerker einer Berufsgruppe schlos-

35 sen sich innerhalb einer Stadt zu Zünften zusammen, die nach eigenen Regeln arbeiteten und eine geschlossene Gruppe bildeten. So konnte man besser die eigenen

Interessen vertreten. Die Zünfte siedelten sich oft in bestimmten Vierteln an. Im Zentrum der Stadt, rund um den Marktplatz, lebten meist die reichen Kaufleute. Die ärmeren dagegen bauten ihr Haus an der Stadtmauer – das sparte eine Wand.

40 Die Bürger genossen besondere Privilegien. Sie unterstanden dem Recht ihrer Stadt – und damit nicht dem eines fernen Landesherrn. Das gab ihnen mehr Freiheit als den Untertanen auf dem Land. Kaufmanns-, Ehe- und Strafrecht sowie eine eigene Gerichtsverfassung regelten das Zusammenleben innerhalb der Stadtmauern. Oft wurde an Markttagen Recht gesprochen und das Urteil öffentlich vollstreckt. Meist

45 befand sich die Richtstätte jedoch außerhalb der Stadtmauern. Die Urteile waren hart: Geldbußen, auspeitschen, rädern, hängen, enthaupten, verbrennen, ertränken und lebendig begraben.

b Formuliere das Thema des Textes in einem Satz.

_____

_____

2

a Lies den Text genau. Unterteile ihn durch Striche in einzelne Abschnitte und nummeriere diese.

b Woran hast du die einzelnen Abschnitte erkannt?

_____

_____

c Bilde zu den einzelnen Abschnitten passende Überschriften.

_1._ _____

_____

_____

_____

_____

_____

d Suche eine passende Überschrift für den Text, die aussagekräftiger ist als die vorgegebene.

_____

_____

Informationen veranschaulichen

> **Informationen** aus einem Text kann man auf verschiedene Arten notieren. Besonders einprägsam ist es, wenn man sie **veranschaulicht**. Dazu eignen sich z. B. Übersichten, Grafiken oder Mindmaps.

1

TIPP
Notiere dir zuerst Schlüsselwörter, nach denen du suchen willst.

a Vervollständige die folgende Übersicht mithilfe des Textes aus Aufgabe 1 (S. 27).

Wo entwickelten sich die Städte
im Mittelalter am schnellsten?

b Was erfährst du aus dem Text (S. 27, Aufgabe 1) über die Zünfte im Mittelalter? Notiere Stichpunkte.

_____

_____

_____

_____

_____

_____

c Stelle in Form eines Kreislaufs dar, was du aus dem Text (S. 27, Aufgabe 1) über die Dreifelderwirtschaft erfährst.

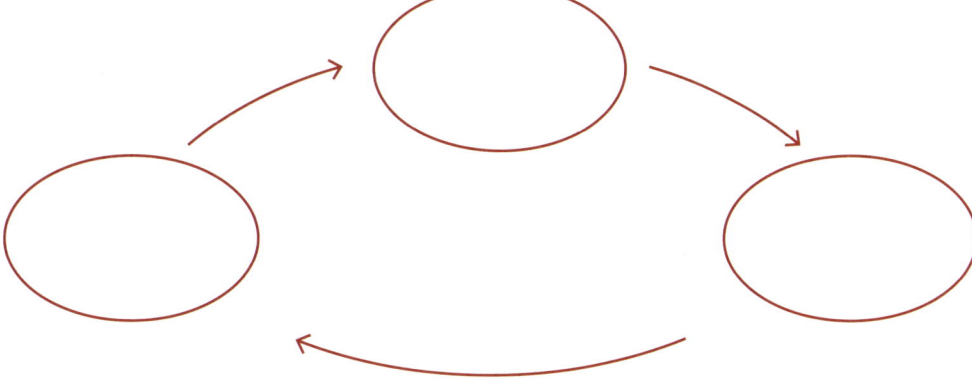

d Entnimm dem Text (S. 27, Aufgabe 1) Informationen zur Rolle des Marktplatzes im Mittelalter. Stelle die Informationen in Form einer Mindmap dar.

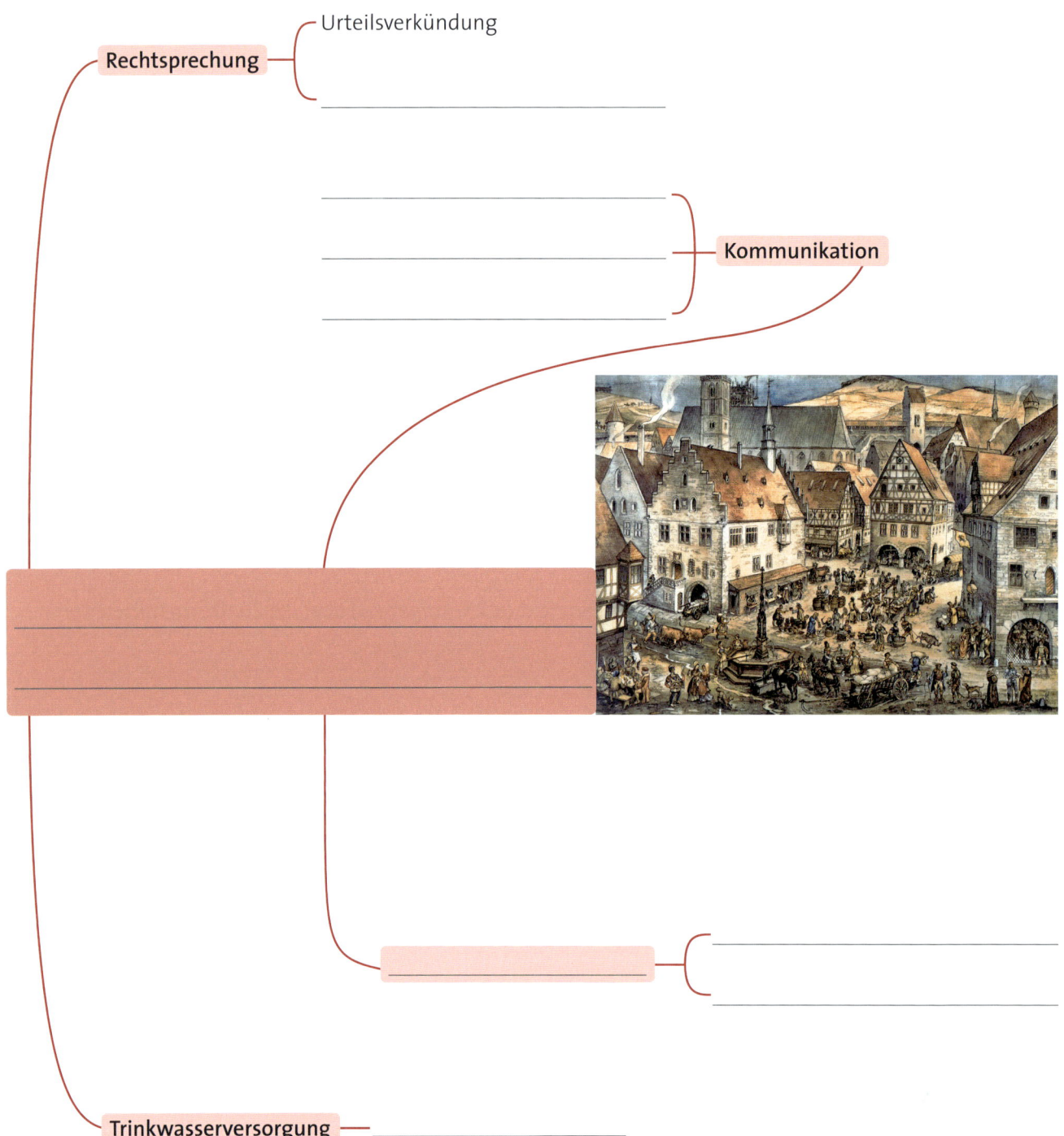

Rechtsprechung — Urteilsverkündung

Kommunikation

Trinkwasserversorgung

Die Gliederung eines Textes untersuchen

> **!**
>
> Um den **gedanklichen Aufbau** eines Textes zu erfassen, muss man die Abfolge der einzelnen Gedanken verstehen. Solche Gedanken können z. B. folgende sein:
> * Aufwerfen von Fragen,
> * Erläutern durch Beispiele,
> * Mitteilen von Fakten und Informationen,
> * Benennen von Ursachen,
> * Aufzeigen von Folgen,
> * Ziehen eines Vergleichs,
> * Zusammenfassen von Aussagen.

1

a Lies den einleitenden Abschnitt des Textes in Aufgabe 1 (S. 27).
Welche Funktion hat er? Kreuze die richtige(n) Antwort(en) an.

☐ Mitteilen von Fakten und Informationen
☐ Einleiten des Themas
☐ Unterhalten
☐ Details zum Thema vermitteln
☐ Zusammenfassen von Aussagen

b Suche im Text (S. 27, Aufgabe 1) nach folgenden Elementen des gedanklichen Aufbaus. Schreibe jeweils ein Textbeispiel heraus.

Nennen von Fakten:

_____

_____

Erläutern durch Beispiele:

_____

Benennen von Ursachen:

_____

Aufzeigen von Folgen:

_____

●●● *Ziehen eines Vergleichs:*

_____

_____

_____

Informationen aus Grafiken entnehmen

! **Grafiken** stellen Informationen übersichtlich und anschaulich dar. Man erhält schnell einen Überblick über Daten und Fakten. Um Informationen aus grafischen Darstellungen zu erfassen, muss man die enthaltenen Angaben in einen Text umformulieren.

1 In der folgenden Grafik sind mehrere Diagramme enthalten.

a Sieh dir die Diagramme an und schreibe das Thema der Grafik darunter.

Bücher lesen (2010)

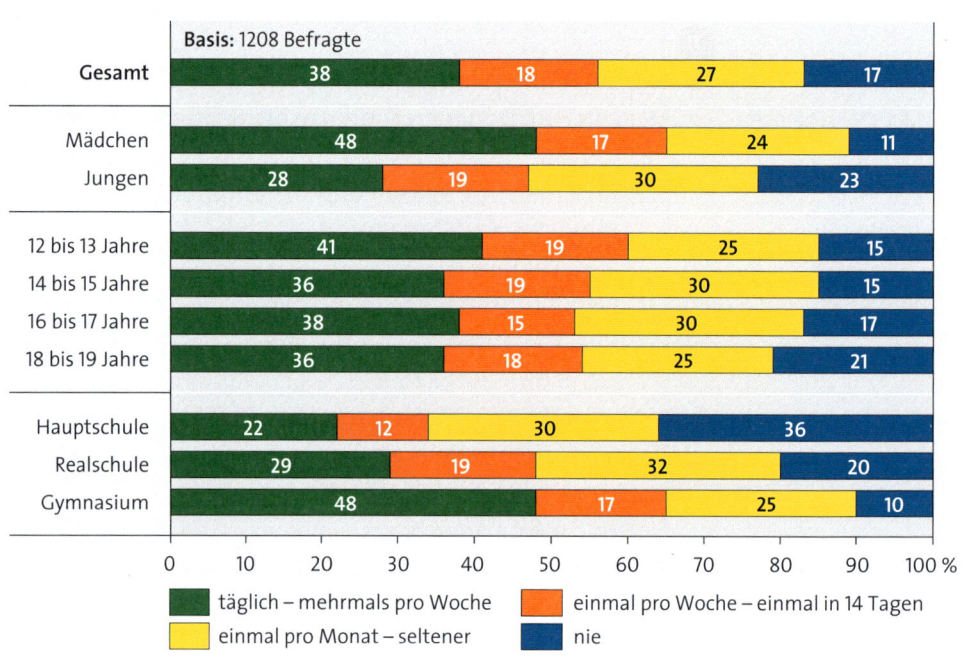

b Sieh dir die einzelnen Diagramme genauer an und finde heraus, zu welchen Fragestellungen Angaben gemacht werden. Schreibe die Fragen auf.

1. Wie war das Leseverhalten von Kindern und Jugendlichen insgesamt im Jahr 2010?

2.

3.

4.

c Beantworte die Frage 1 aus Aufgabe b.

38% der Mädchen und Jungen lesen

2 Erfasse die Angaben der einzelnen Balkendiagramme zum Lesen von Büchern.

a Suche dir aus dem Balkendiagramm in Bezug auf Mädchen und Jungen den höchsten und den niedrigsten Wert heraus. Formuliere die Informationen jeweils in einem Satz.

b Betrachte jetzt das Balkendiagramm in Bezug auf das Alter der Leser. Suche die beiden höchsten und den niedrigsten Wert für dein Alter heraus. Formuliere die Informationen jeweils in einem Satz.

●●●○ **c** Erfasse jetzt das Diagramm in Bezug auf die Schulzugehörigkeit. Ermittle den höchsten, den niedrigsten und den interessantesten Wert. Formuliere jeweils einen Satz und schreibe sie in dein Heft.

d Fasse nun die Angaben zusammen. Nutze deine Ergebnisse aus den Aufgaben a und b.

Bücher lesen 2010

Das Diagramm zeigt

●●●○ **e** Stimmen die Angaben aus dem Diagramm mit deinen eigenen Erfahrungen überein? Begründe deine Antwort. Schreibe in dein Heft.

Wortarten und Wortformen

Nominalisierte/Substantivierte Verben und Adjektive

> In der deutschen Sprache können alle **Verben** und **Adjektive** als Nomen/Substantiv gebraucht – also nominalisiert/substantiviert – werden. Sie haben dann die gleichen Merkmale wie Nomen, d. h.:
> * sie werden **großgeschrieben**,
> * sie können **dekliniert** werden,
> * sie können **Begleiter** (Artikel, Pronomen) und/oder **Attribute** bei sich haben, z.B.:
> *das Berichten, beim (bei dem) Berichten, dieses Bunte, das schöne Bunt (der Blätter).*

TIPP
Begleiter sind Artikel und Pronomen.

a Unterstreiche im Text alle Nomen/Substantive und Nominalisierungen/Substantivierungen mit ihren Begleitern und Attributen.

Kennst du das Gefühl?

Du sollst einen Vortrag halten, ein Gedicht auswendig aufsagen oder eine Hausaufgabe präsentieren, und das vor der ganzen Klasse. Das Vorbereiten deiner Aufgabe ging dir gut von der Hand und du bist dir ziemlich sicher, dass du im Großen und Ganzen mit der Erfüllung deines Auftrags zufrieden sein kannst.

b Im folgenden Text wurden schon Fehler angestrichen. Markiere die falsch geschriebenen Nomen und Nominalisierungen mit verschiedenen Farben. Schreibe sie anschließend mit ihren Begleitern und Attributen richtig auf.

Am nächsten Tag dann in der <u>schule</u> hast du das Gefühl, dass du alles wichtige vergessen hast. Du zitterst am ganzen körper, das zucken im Gesicht wird unerträglich, beim aufblicken in die klasse erkennst du nicht mal deine besten Freunde. Irgendwann merkst du, dass das verknoten deiner Finger und hände auch keine hilfe ist.

in der Schule,

c Markiere die Fehler im folgenden Text. Schreibe die Nomen bzw. Nominalisierungen mit ihren Begleitern und Attributen in dein Heft.

Du beginnst mit leiser und zaghafter stimme, doch mit dem sprechen wirst du immer sicherer, du erkennst vertraute gesichter um dich herum. Und etwas erstaunliches passiert: Plötzlich bereitet dir das präsentieren sogar spaß, du „spürst" das lauschen deiner mitschüler und erntest das lob deines lehrers.

2 Die Sprache deines Gesichts

a Streiche die falsche Variante durch. Begründe deine Entscheidung.

1 Das ~~rollen~~/Rollen mit den Augen signalisiert Unzufriedenheit oder Missbilligung. (*nach einem Artikel*)

2 Mit dem zusammenziehen/Zusammenziehen der Augenbrauen drückst du Wut aus. (_____)

3 Durch senken/Senken der Augenlider zeigst du Bescheidenheit, Desinteresse oder Unaufmerksamkeit. (_____)

4 Wenn du unruhig mit den Augen zwinkerst/Zwinkerst, ist das ein Zeichen für Nervosität. (_____)

b Verdichte die Aussagen der unterstrichenen Teilsätze, indem du die Verben nominalisierst.

1 <u>Wenn du den Mund weit öffnest</u>, drückst du Entsetzen, große Freude oder Sprachlosigkeit aus.

_____

_____

2 <u>Schiebst du die Unterlippe vor</u>, so kann das Schmollen oder große Enttäuschung bedeuten.

_____

_____

3 Streiche die falsche Variante in der Schreibung der Sprichwörter durch. Unterstreiche die Merkmale, die zu deiner Entscheidung geführt haben.

1 Man kann des guten/Guten auch zu viel tun.

2 Vom wiegen/Wiegen wird das Schwein nicht fett.

3 Hast du nichts gutes/Gutes zu sagen, sage lieber gar nichts.

4 Das lächeln/Lächeln ist Pforte und Tür, durch die viel gutes/Gutes kommt.

5 Dem glücklichen/Glücklichen schlägt keine Stunde.

6 Dem satten/Satten schmeckt das beste/Beste nicht.

7 Am Abend wird der faule/Faule fleißig.

8 Der klügere/Klügere gibt nach.

9 Ein lächeln/Lächeln ist die schönste Sprache der Welt.

10 Der satte/Satte weiß nicht, wie dem hungrigen/Hungrigen zumute ist.

Pronomen

Pronomen sind Stellvertreter oder Begleiter von Nomen/Substantiven und werden wie diese **dekliniert**. Man unterscheidet:

- **Personalpronomen** stehen stellvertretend für Personen oder Sachen: *ich, du, er, sie, es; wir, ihr, sie,*
- **Possessivpronomen** zeigen den Besitz oder die Zugehörigkeit an: *mein, dein, sein, ihr, sein; unser, euer, ihr,*
- **Demonstrativpronomen** weisen auf ein vorher genanntes Nomen hin, z.B.: *dieses, jenes, das,*
- **Relativpronomen** leiten Nebensätze ein, die ein Nomen im Hauptsatz näher erklären, z.B.: *der, die, das,*
- **Interrogativpronomen** (Fragepronomen) fragen nach einer Person, Sache, Eigenschaft oder einer Auswahl aus einer Menge, z.B.: *Wer? Was? Wessen? Wem? Wen? Was für ein? Welche?,*
- **Reflexivpronomen** (rückbezügliches Fürwort) stimmen mit Formen der Personalpronomen überein, treten zusammen mit Verben auf und weisen auf den Handlungsträger (sich selbst) zurück, z.B.: *(ich kämme) mich, (ihr freut) euch.*

1 Suche die Pronomen und bestimme sie. Unterstreiche sie verschiedenfarbig.

1 Unsere Familie wohnt in einem kleinen Haus am Stadtrand.

2 Dieses Haus ist schon sehr alt, aber wir wohnen gerne darin.

3 Es hat mehrere Zimmer, die sich auf zwei Stockwerke verteilen.

4 Unser Wohnzimmer, neben dem sich die Küche befindet, liegt im Erdgeschoss.

5 Mein Zimmer ist oben unter dem Dach.

2 Ergänze die passenden Relativpronomen.

Unser Nachbarhaus, in _____ lange niemand wohnte, hat neue Besitzer gefunden. Die Eigentümer, _____ gestern ankamen, machen einen netten Eindruck. Sie entluden einen großen Transporter, _____ ein Leipziger Kennzeichen trug. Besonders spannend fand ich, dass sich auch zwei Kinder, _____ etwa so alt sind wie ich, an der Transportaktion beteiligten. Am meisten aber weckte eine kleine Kiste, aus _____ seltsame Töne zu hören waren, meine Neugier. Die Geräusche, aus _____ ich nicht auf ein übliches Haustier schließen konnte, machten mich ganz kribbelig. Der Junge, _____ die Kiste ins Haus trug, schien mit dem Gewicht kein Problem zu haben. Folglich konnte der Inhalt, auf _____ ich schon sehr gespannt war, nicht sehr schwer sein. Schließlich sprach ich das Mädchen, _____ gerade nach einem Stuhl griff, an und fragte freundlich nach. Sie lief ins Haus und kam mit einem Tier zurück, _____ aussah wie eine Mischung aus einem Meerschweinchen, einer Ratte und einem Hasen. Es war ein Degu.

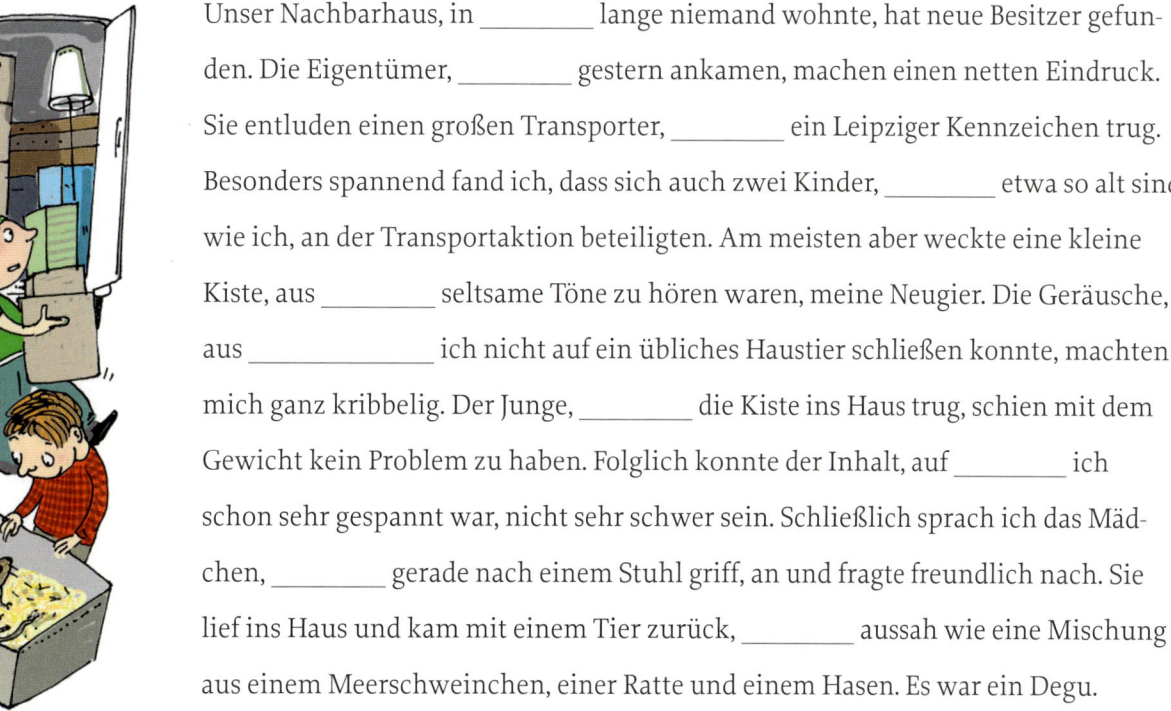

TIPP

Ermittle genau, welches Nomen durch das Relativpronomen näher erklärt wird.

3 Verbinde die Sätze durch Relativpronomen. Beachte, dass du Kommas zwischen den Teilsätzen setzen musst.

1 Der Degu ist ein Nagetier. Er ist auch als Strauchratte bekannt geworden.

_____

_____

2 Das Fell hat eine gelbbraune bis graubraune Farbe. Es ist sehr dicht.

_____

3 Am Kopf fallen die großen Augen und Ohren auf. Insgesamt wirkt der Kopf sehr wuchtig.

_____

4 Degus gehören zu den Säugetieren. Ihre Heimat ist Chile.

_____

4 Ergänze die fehlenden Interrogativpronomen.

1 Mit _____ hast du heute so lange telefoniert?

2 _____ würden sich die Eltern am meisten freuen?

3 Ohne _____ willst du auf keinen Fall mitkommen?

4 _____ hat im Schwimmbad sein Handtuch vergessen?

5 _____ möchtest du lieber nicht begegnen?

6 _____ arbeitet dein Bruder gerade?

7 _____ habt ihr euch gerade unterhalten?

8 In _____ Straße wohnst du jetzt?

9 An _____ Adresse soll die Post nachgesendet werden?

10 Auf _____ Berg seid ihr geklettert?

11 _____ Baum ist das?

5 Ergänze die Verben und Reflexivpronomen aus den Klammern in der richtigen Form.

1 Du musst _____ unbedingt _____ . (sich beeilen)

2 Wir können _____ auch über kleine Dinge _____ . (sich freuen)

3 In Spanien kann ich _____ bestimmt gut _____ . (sich erholen)

4 Wolltest du _____ nicht um ein Praktikum _____ ? (sich bewerben)

5 Sie _____ für ihre Lüge. (sich schämen)

6 Bei dem Wetter werdet ihr _____ bestimmt _____ . (sich erkälten)

7 Ich _____ gut in meiner Heimatstadt _____ . (sich auskennen)

Verben

>
> Verben können im **Aktiv** und im **Passiv** verwendet werden.
> **Aktivformen** verwendet man, um den Akteur einer Handlung zu nennen, z. B.:
> *Die Lehrerin* <u>*hilft*</u> *der Klasse bei der Suche nach einem Ziel für die Klassenfahrt.*
> **Passivformen** verwendet man, wenn die Handlung betont werden soll. Die Akteure
> können unbekannt oder unwichtig sein. Sollen sie genannt werden, schließt man sie mit
> von an, z. B.:
> *Bei der Suche nach einem Ziel für die Klassenfahrt* <u>*wird*</u> *ihnen (von der Lehrerin)* <u>*geholfen*</u>.
> Die Passivform wird aus einer **Konjugationsform** von *werden* und dem Partizip II eines
> anderen Verbs gebildet.

1

a In den folgenden Sätzen wurde die Aktivform verwendet. Unterstreiche die finiten
Verbformen und bestimme die Zeitformen.

1 Am Anfang des Schuljahres <u>sprachen</u> die Schüler der Klasse 7 a sehr lange über
ihre mehrtägige Klassenfahrt. (*Präteritum*)

2 Bei der schwierigen Suche nach einem geeigneten Ziel haben ihnen die Klassenlehrerin und einige Eltern geholfen. (_____)

3 Gemeinsam diskutierten sie Orte, Kosten, Unterbringung, Transport, Verpflegung und verschiedene Aktivitäten. (_____)

4 Ein Schüler schlug den Aufenthalt in einem nahen Schullandheim vor.
(_____)

5 Ein anderer hatte den Vorschlag gemacht, in ein anderes Bundesland
zu reisen. (_____)

6 Einige bevorzugten aus Kostengründen die Selbstversorgung der
Gruppe. (_____)

7 Die Klassenlehrerin wird die Vorschläge der Schüler mit den Eltern
besprechen. (_____)

8 Danach fällen alle gemeinsam eine Entscheidung. (_____)

TIPP
Füge in Gedanken
den oder die Han-
delnden mit *von*
ein.

b Forme für einen Bericht über die Diskussion die unterstrichenen Verbformen aus Aufgabe a ins Passiv um. Verwende dabei die gleiche Zeitform.

1. es wurde gesprochen, _____

_____

_____

_____

c Schreibe mithilfe der Passivformen aus Aufgabe b einen Bericht über die Diskussion in der Klasse 7 a in dein Heft.

Aktiv	Passiv

2 Kreuze an, ob in den Sätzen die Aktiv- oder die Passivform verwendet wurde.

1 Es wurde beschlossen, in eine Jugendherberge zu fahren.

2 Der Transport des Gepäcks wird von den Eltern übernommen.

3 Die Schüler werden die Wegstrecke von 15 Kilometern erwandern.

4 Die Verpflegung wird von der Jugendherberge bereitgestellt.

5 An einem Tag werden die Schüler selbst kochen.

3 Pizza geht immer!

a Hier ist die Reihenfolge der Arbeitsschritte durcheinandergeraten. Nummeriere sie in der richtigen Reihenfolge.

Rezept für 4 Personen

- ☐ Kochschinken und Salami auflegen
- ☐ Teig aus der Verpackung nehmen
- ☐ Zutaten: 1 Paket Pizzateig aus dem Kühlregal, 1 Dose Pizzatomaten, 8 Scheiben Salami, 8 Scheiben Kochschinken, 150 g geriebener Käse, Pizzagewürz
- ☐ Pizzateig auf einem Backblech mit dem Papier ausrollen
- ☐ alles mit Käse bestreuen
- ☐ bei 170 Grad Umluft 30 Minuten im E-Herd backen
- ☐ Pizzatomaten gleichmäßig verteilen
- ☐ mit Pizzagewürz bestreuen

b Schreibe das Rezept für 28 Personen als Anleitung zum Nachkochen für die Klassenfahrt auf. Verwende die Passivformen der Verben.

Es werden 7 Pakete Pizzateig

Nicht veränderbare (nicht flektierbare) Wortarten

Adverbien geben an, wann, wo, wie oder warum etwas geschieht, z. B.:
hier, dort, heute, morgen, sehr, oft, deshalb, gern, so, freundlicherweise.
Konjunktionen verbinden Wörter, Wortgruppen und Teilsätze miteinander. Man
unterscheidet:

nach ihrer Bedeutung
- **aufzählende Konjunktionen**,
  z. B.: *und, oder, sowie,*
- **entgegenstellende Konjunktionen**,
  z. B.: *aber, doch, jedoch,*

nach ihrer Funktion
- **nebenordnende Konjunktionen**,
  z. B.: *und, aber, sondern, denn,*
- **unterordnende Konjunktionen**,
  z. B.: *als, weil, dass, wenn, falls.*

Präpositionen drücken Beziehungen zwischen Wörtern und Wortgruppen aus. Sie stehen
meist vor einem Nomen oder Pronomen und fordern einen bestimmten Fall, z. B.:
aus, bei, mit, nach (Dativ),   *gegen, durch, für* (Akkusativ),
an, auf, hinter, neben, in (Dativ: *Wo?*, Akkusativ: *Wohin?*).

1

a   Trenne die Adverbien in der Wortschlange durch Striche voneinander.

abendswiedernirgendsvergebensbesondersmorgenobenuntenhintendanachdarumdeshalb

b   Ordne die Adverbien aus der Wortschlange richtig in die Tabelle ein.

Wann?	Wo?	Wie?	Warum?

c   Verwende ein Adverb aus jeder Spalte der Tabelle in Aufgabe b in einem Satz.

2 Verbinde die beiden Sätze jeweils mit der nebenordnenden und der unterordnenden Konjunktion aus der Klammer. Schreibe die Sätze in dein Heft und setze die Kommas.

1 Jonas fand den Film ganz toll. Ich habe mich manchmal gelangweilt. (aber – während)

2 Therese soll heute Nachmittag auf ihre kleine Schwester aufpassen. Sie hat dazu überhaupt keine Lust. (doch – obwohl)

3 Josi muss jeden Tag in der Woche trainieren. Am Wochenende findet ein wichtiger Wettkampf statt. (denn – weil)

4 Florian verlor beim Klettern das Gleichgewicht. Er verletzte sich leicht den Fuß. (und – sodass)

3 Bilde Sätze mit den folgenden Präpositionen. Verwende sie dabei jeweils mit dem Dativ und dem Akkusativ.

an – auf – hinter – neben – in – über – unter – vor

Die Leiter lehnt an einem Baum. (Wo? Dativ) Ich lehne die Leiter an

den Baum. (Wohin? Akkusativ)

Satzbau und Zeichensetzung

Der einfache Satz

> **!** Mithilfe der **Umstellprobe** kann man **Satzglieder** ermitteln. Zu einem Satzglied gehören die Wörter, die sich nur zusammenhängend umstellen lassen, z. B.:
> *Maren | zog | vor einigen Wochen | in eine andere Stadt.*
> *Vor einigen Wochen | zog | Maren | in eine andere Stadt.*
> *In eine andere Stadt | zog | Maren | vor einigen Wochen.*

1

TIPP
Achte darauf, dass das Prädikat auch aus mehreren Teilen bestehen kann.

a Nutze die Umstellprobe zur Ermittlung der Satzglieder in folgenden Sätzen. Trenne die Satzglieder durch senkrechte Striche voneinander, schreibe ihre Anzahl in die Klammern.

1 Vor einigen Jahren | gründeten | Schüler und Lehrer der Schule | einen Chor. (*4*)

2 Zuerst interessierten sich nicht viele für den Chor. (____)

3 Bald stellten sich erste kleine Erfolge ein. (____)

4 Später kamen eine Trommelgruppe und eine Theatergruppe dazu. (____)

5 Inzwischen gehören ungefähr 60 Schüler, Lehrer und Eltern zum Ensemble. (__)

6 Sie treten sehr erfolgreich bei Schulveranstaltungen, Festen der Stadt, Seniorennachmittagen und in umliegenden Gemeinden auf. (____)

7 Kürzlich produzierten sie sogar ihre erste CD. (____)

b Nutze die Frageprobe zur Bestimmung der Satzglieder in den Sätzen aus Aufgabe a. Nimm dazu den Merkkasten auf S. 44 zu Hilfe.

1. Adverbialbestimmung der Zeit, Prädikat, Subjekt, Akkusativobjekt.

2.

! Satzglieder lassen sich durch Fragen ermitteln (Frageprobe).

Satzglied	Frage
Subjekt	Wer? Was?
Prädikat	Was wird ausgesagt?
Objekte • Genitivobjekt • Dativobjekt • Akkusativobjekt • Präpositionalobjekt	 Wessen? Wem? Wen? Was? Mit wem? Worüber?
Adverbialbestimmungen • Lokalbestimmung • Temporalbestimmung • Modalbestimmung • Kausalbestimmung	 Wo? Woher? Wohin? Wann? Wie lange? Wie? Warum?
Attribut (Satzgliedteil)	Was für ein(e)? Welche(-r, -s)?

2 Der erste Satz in der folgenden Tabelle wurde mehrmals erweitert.

a Unterstreiche die jeweilige Erweiterung. Ermittle durch die Frageprobe, um welches Satzglied bzw. Satzgliedteil es sich handelt.

Satz	Frage	Satzglied/Satzgliedteilteil
1 Nils fährt.	Wer? Was? Was wird ausgesagt?	Subjekt Prädikat
2 Nils fährt <u>mit dem Fahrrad</u>.	*Womit fährt er?*	*Präpositionalobjekt*
3 Nils fährt mit dem neuen Fahrrad.		
4 Seit 2 Stunden fährt Nils mit dem neuen Fahrrad.		
5 Seit 2 Stunden fährt Nils mit dem neuen Fahrrad durch die Stadt.		
6 Total glücklich fährt Nils seit 2 Stunden mit dem neuen Fahrrad durch die Stadt.		

b Erweitere den Satz durch ein weiteres Satzglied bzw. Satzgliedteil.

_____

_____

Attribut (Beifügung)

> **!** **Attribute** (Beifügungen) bestimmen Nomen/Substantive näher. Sie können vor oder
> hinter dem Nomen stehen, z. B.:
> *ein lustiger Tag*   Was für ein Tag?
> *der Ausflug der Klasse*   Welcher Ausflug?
> Attribute sind keine selbstständigen Satzglieder. Sie lassen sich nur mit dem
> dazugehörigen Nomen umstellen. Sie werden deshalb **Satzgliedteil** genannt.
> Attribute können auch in Form von Nebensätzen auftreten. Diese werden meist mit
> einem Relativpronomen (manchmal mit Präposition) eingeleitet und sind dann
> **Relativsätze**, z. B.:
> *Der Ausflug, der nächste Woche stattfinden wird, wurde von der Klasse organisiert.*
> Mit der **Weglassprobe** kann man ermitteln, ob Attribute in einem Satz weggelassen
> werden können, ohne dass der Sinn verloren geht, z. B.:
> *Die ~~neue~~ Klassenlehrerin hat ihnen bei der Organisation viel geholfen.*

1

a Unterstreiche in den Sätzen die Attribute einmal, die Nomen, die näher erläutert
werden, zweimal.

1 Ich habe mir gestern ein (interessantes) Buch gekauft.

2 Heute war ein verregneter Tag.

3 Die alte Frau trägt eine starke Brille.

4 Emmas Zimmer muss renoviert werden.

5 Morgen werde ich mir ein neues Fahrrad kaufen.

6 Der Brief, der heute ankam, war eine ganze Woche unterwegs.

7 Die Ansichtskarte aus den USA hat eine tolle Briefmarke.

b Untersuche in den Sätzen der Aufgabe a mithilfe der Weglassprobe, welche Attribute gestrichen werden könnten. Setze sie in Klammern.

2 Füge in die Lücken passende Attribute ein.

> kleine – jede – graue – dort – anderen – jungen – altes – am See – ihre – unzählige – des
> Sees – die mit einem Ruderboot übersetzen – ihr

1 Das *kleine* Haus _____ macht mich schon lange neugierig.   **2** Darin wohnt

ein _____ Ehepaar.   **3** Beide haben schon _____ Haare und _____

Falten im Gesicht.   **4** _____ Freunde besuchen sie, sooft es geht.   **5** Das Paar

wohnt auf der _____ Seite _____.   **6** Die _____

Leute, _____, sehe ich fast jede Woche

einmal.   **7** Wie so mancher hier, möchte ich _____ Geheimnis wissen.

8 Ganz bestimmt werde ich aber nicht zu den Leuten _____ gehen und fra-

gen, was sie _____ Woche gemeinsam bereden und unternehmen.

3 Markiere vor- und nachgestellte Attribute mit verschiedenen Farben. Unterstreiche die Attribute in Form eines Nebensatzes.

1 Mein großer Bruder ist Student der Informatik.

2 Er, der meist der „Kluge" sein will, weiß immer alles besser.

3 Ich habe zwei Geschwister.

4 Meine kleine Schwester, die in die erste Klasse geht, hat viel Spaß an der Schule.

5 Sie ist sechs Jahre alt.

6 Auch die Freundin meiner Schwester lernt gut.

7 Eigentlich sind streitende Geschwister etwas Normales.

8 Aber unsere Eltern sind davon nicht begeistert.

4 Um einen Text ausdrucksvoller zu gestalten, können Nomen durch Attribute näher bestimmt werden.

a Suche zu den folgenden Nomen je fünf verschiedenartige Attribute.

b Bilde Sätze mit den Nomen und Attributen aus Aufgabe a und schreibe sie in dein Heft. Unterstreiche die Attribute.

1. Wir wohnen in einem neuen Hotel mit Poolanlage.

Der zusammengesetzte Satz

Satzreihe (Satzverbindung)

> **!** Werden zwei Hauptsätze miteinander verbunden, entsteht eine **Satzreihe** (Satzverbindung).
>
> Hauptsätze können **verbunden** und **unverbunden** nebeneinander stehen, sie werden in der Regel durch Komma voneinander getrennt. Nur bei einer Verbindung mit *und* oder *oder* ist das Komma freigestellt, z.B.:
>
> *Unsere Nachbarin* <u>*züchtet*</u> *Rosen, manchmal* <u>*schenkt*</u> *sie mir eine.*
>
> *Unsere Nachbarin* <u>*züchtet*</u> *Rosen(,) und manchmal* <u>*schenkt*</u> *sie mir eine.*
>
> Hauptsätze können durch **nebenordnende Konjunktionen**, wie *und, oder, aber, denn, doch*, oder durch **Adverbien**, wie *dann, danach, deshalb, darum*, verbunden werden, z.B.:
>
> *Ich soll in der Küche helfen,* <u>*aber*</u> *ich habe keine Lust.*
>
> *Meine Freundin wartet auf mich,* <u>*deshalb*</u> *habe ich keine Lust.*

1 Verbinde die beiden Sätze durch eine passende nebenordnende Konjunktion aus der Wortliste zu einer Satzreihe. Setze die Kommas und unterstreiche die finiten Verbformen.

WORTLISTE
sondern – und –
denn – aber

1 In den letzten Jahren entschließen sich viele Menschen auszuwandern. Die meisten kehren nur zu Besuch in ihre alte Heimat zurück.

_____

_____

2 Über die Auswanderung sollten die Familien gemeinsam entscheiden. Alle Familienmitglieder sind davon betroffen.

_____

_____

3 Die Kinder sollen aus ihrer Umgebung wegziehen. Sie haben hier ihre Freunde, ihre Schule und andere vertraute Dinge.

_____

_____

4 Viele haben sich gar nicht gut genug mit der neuen Wahlheimat beschäftigt. Sie waren vielleicht nur ein paarmal im Urlaub dort.

_____

_____

_____

Satzgefüge

> **!** Wenn zwei Teilsätze so miteinander verbunden werden, dass der eine dem anderen untergeordnet ist, entsteht ein **Satzgefüge**. Es besteht aus Hauptsatz und untergeordnetem Nebensatz. Den **Nebensatz** erkennt man an folgenden **Merkmalen**:
> * die finite Verbform steht an letzter Stelle,
> * der Nebensatz beginnt mit einem Einleitewort, z. B.:
>
> *Florian kommt jeden Tag mit dem Bus zur Schule,* [da] *er im Nachbarort* <u>wohnt</u>.
> Nebensätze kann man nach dem **Einleitewort** unterscheiden:
> * **Konjunktionalsatz**: wird durch eine unterordnende Konjunktion eingeleitet, z. B.: *weil, dass, als, da, nachdem, bevor, seit, wenn, obwohl,*
> * **Relativsatz**: wird durch ein Relativpronomen eingeleitet, z. B.: *der, die, das, welcher, welche, welches,*
> * **Fragewortsatz**: wird durch ein Fragewort eingeleitet, z. B.: *wo, wie, was, warum.*

1 Rahme in den Nebensätzen die Einleitewörter ein und unterstreiche die finiten Verbformen. Bestimme, um welche Art von Nebensatz es sich handelt.

1 [Bevor] es hell <u>wird</u>, fährt der Vater zur Arbeit. (*Konjunktionalsatz*)

2 Weil er eine Stunde mit dem Auto unterwegs ist, muss er schon am Abend seinen Aktenkoffer packen. (_____)

3 Die Mutter bereitet nun für die Kinder das Frühstück zu, da die auch bald zum
Schulbus müssen. (_____)

4 Dass Caro wieder einmal als Letzte am Frühstückstisch erscheint, verwundert
niemanden mehr. (_____)

5 Sie ist es nämlich, die immer am längsten im Bad braucht.
(_____)

6 Warum das so ist, kann sich der siebenjährige Michael nicht
erklären. (_____)

TIPP
In Satz 4 kannst du den Nebensatz auch in den Haupt-satz einschieben.

2 Verbinde die beiden einfachen Sätze zu einem Satzgefüge und schreibe diese in dein Heft. Verwende die Einleitewörter aus der Wortliste.

ob – da – weil – sodass – die

1 Hat die Eishalle heute geöffnet? Mira möchte das gerne wissen.
2 Mein Freund schenkt mir eine tolle CD. Ich freue mich riesig.
3 Marie geht noch nicht zu ihrer Freundin. Sie muss noch Mathehausaufgaben machen.
4 Die Aufgabe ist sehr schwierig. Jan kann sie ohne Hilfe nicht lösen.
5 Mein Onkel will sich ein neues Auto kaufen. Sein Auto ist schon sehr alt.

3 Forme die unterstrichenen Satzglieder in einen Nebensatz um. Setze die Kommas.

1 <u>Der Besuch</u> eines Rockkonzerts freut uns sehr.

Dass wir _____

2 Ich hoffe <u>auf das Mitkommen</u> meiner Freunde.

_____

3 <u>Genau um 17:00 Uhr</u> werden die Türen geöffnet.

_____

4 <u>Wegen des großen Andrangs</u> wurden zusätzliche Eingänge geschaffen.

_____

4 Das Schwein frisst (nicht)! Bilde mithilfe der Einleitewörter aus der Wortliste Satzgefüge. Unterstreiche die Nebensätze.

<u>*Weil das Schwein nicht frisst,*</u> *muss der Tierarzt geholt werden.*

_____

_____

_____

_____

_____

WORTLISTE

weil – wenn –
obwohl – sobald –
warum – da – ob

 **5** Setze die fehlenden Kommas und unterstreiche die Nebensätze.

Achtung, Fehler!

1 Weil der Sommer in diesem Jahr sehr heiß und trocken war hat er nicht die erwarteten Ernteerträge gebracht.

2 Urlauber freuten sich über die lange Schönwetterperiode durch die aber für ältere und kranke Menschen große Probleme entstanden.

3 Es gab aber auch heftige Gewitter die in vielen Gegenden zu Schäden führten.

4 Wissenschaftler streiten schon seit einigen Jahren darüber ob man von einer generellen Klimaerwärmung sprechen kann.

5 Wenn die Fürsprecher Recht haben sollten stehen uns warme Zeiten bevor.

6 Nur gut dass bisher noch niemand das Wetter wirklich beeinflussen kann.

Mehrfach zusammengesetzte Sätze

> **!** Sind drei oder mehr Haupt- und Nebensätze miteinander verbunden, spricht man von **mehrfach zusammengesetzten Sätzen**. Die Teilsätze werden in der Regel durch **Kommas** voneinander getrennt, z.B.:
> *Weil ich noch nicht weiß, wie lange ich heute unterwegs sein werde, kann ich dir auch nicht sagen, wann ich bei dir vorbeikommen kann.*

TIPP
Suche zur Bestimmung von Haupt- und Nebensätzen die finite Verbform.

1 Unterstreiche die Hauptsätze mit einer Linie, die Nebensätze mit einer Wellenlinie.

1 Das ist der Junge, den ich gesehen habe, als ich auf dem Nachhauseweg war.

2 Der Junge, der sein Fahrrad reparierte, bat mich zu helfen, indem ich ihm das Werkzeug geben sollte.

3 Er hatte sehr höflich um Hilfe gebeten, deshalb war ich sofort einverstanden und wir begannen mit der Arbeit.

4 Nachdem wir das Fahrrad repariert hatten, lud er mich als Dankeschön auf ein Eis ein und wir gingen in einen Eisladen um die Ecke.

5 Da wir uns auf Anhieb gut verstanden, haben wir uns für den nächsten Tag verabredet, denn wir wollten gemeinsam ins Kino gehen.

6 Dort gab es einen Film, den wir sehen wollten, denn er wurde uns empfohlen.

7 Der Film, der gerade erst in die Kinos gekommen war, hat uns sehr beeindruckt, sodass auch wir ihn nur weiterempfehlen konnten.

2

Achtung, Fehler!

a Unterstreiche die Hauptsätze mit einer Linie, die Nebensätze mit einer Wellenlinie. Setze die fehlenden Kommas.

1 Es ist schon seltsam, dass du schon von der Geschichte wusstest obwohl du gar nicht dabei warst. (*HS, 1. NS,* _____)

2 Da du den Jungen nicht kennst weil du ihn ja angeblich noch nie gesehen hast kannst du ihn auch nicht beurteilen. (_____)

3 Allerdings musst du uns gesehen haben als wir uns unterhielten da du ihn so genau beschreiben kannst. (_____)

4 Er ist vor allem lustig deshalb haben wir viel gelacht als wir gemeinsam den neuen Film sahen. (_____)

5 Nun habe ich durch Zufall einen neuen Freund gewonnen mit dem man viel Spaß haben kann wenn man gemeinsam etwas unternimmt.
(_____)

b Notiere in den Klammern die Abfolge der Haupt- und Nebensätze.

Kommasetzung bei Aufzählungen

> **!** Wörter, Wortgruppen und Teilsätze können aufgezählt werden. Die Glieder einer **Aufzählung** werden in der Regel durch **Komma** voneinander getrennt.
> Vor **aufzählenden Konjunktionen**, wie *und, oder, sowie, sowohl ... als auch*, entfällt das Komma, z. B.:
> *Er half mir beim Abwaschen, beim Aufräumen und beim Wischen.*
> Werden Teilsätze aufgezählt, so ist es freigestellt, ob vor *und* oder *oder* das Komma gesetzt wird, z. B.:
> *Er aß das Obst auf, das Gemüse probierte er(,) und die Suppe ließ er stehen.*
> Vor **entgegenstellenden Konjunktionen**, wie *aber, doch, jedoch, nicht nur, sondern*, muss ein Komma gesetzt werden, z. B.:
> *Meine Eltern sind manchmal recht streng, aber gerecht.*

Achtung, Fehler!

1 Setze die fehlenden Kommas und begründe mündlich deine Entscheidung.

1 Lena, Michelle, Vivien und Kathi wollen ihre Freizeit sinnvoll gestalten.

2 Sie haben verschiedene Interessen besitzen unterschiedliche Talente wollen aber trotzdem etwas gemeinsam machen.

3 Lena zeichnet gern Michelle „trifft" sich am liebsten mit Freunden im Chat Viviens Hobby ist das Kochen und Kathi hat große Freude an technischen Sachen.

4 Sollen sie sich nun für die Zeichen-AG im Jugendklub für das Internet-Café den Kochklub oder den Modellbauzirkel entscheiden?

5 Sie entschließen sich weder das eine noch das andere zu tun sondern etwas ganz anderes.

6 Sie wollen etwas für ihre Fitness ihre Gesundheit und nicht zuletzt für ihre Figur tun.

7 Zur Auswahl stehen ihnen im Sportklub Ballspielsportarten Leichtathletik Sportgymnastik oder sogar Kampfsportarten.

● ● ● **8** Sie entscheiden sich weder für Ballspielen noch für Laufen Springen oder Werfen auch nicht für Gymnastik sondern für Körperbeherrschung und Selbstverteidigung.

2 Zähle mindestens drei Gründe auf, warum sich die Mädchen für eine Kampfsportart entschieden haben könnten.

Sie haben sich für eine Kampfsportart entschieden, weil _____

_____

_____

TIPP
Verwende möglichst viele aufzählende und entgegenstellende Konjunktionen.

Kommasetzung bei der Datumsangabe

! Steht die **Datumsangabe nach einem Wochentag**, so wird vor dem Datum ein **Komma** gesetzt. Das Setzen des Kommas nach der Datumsangabe ist freigestellt, z. B.:
Am Dienstag, dem 22. Juni (,) fand in der Schule ein Umweltprojekt statt.
Die nachgestellte Datumsangabe steht in der Regel im gleichen Fall wie der Wochentag, auf den sie sich bezieht, z. B.:
Unsere Klassenfahrt beginnt am Montag, dem 9. August(,) und dauert bis Freitag, den 13. August.
Es gilt die folgende Regel: | *ab, am, von/vom, zum* | → | Dativ |
| *bis* | → | Akkusativ |

TIPP
Denke dir das Datum aus.

①

a Ergänze die Datumsangaben und setze die Kommas.

1 Am Sonnabend, *dem 4. Mai* , findet unser Klassentreffen statt. (*3. Fall*)

2 Von Montag _____ bis Mittwoch _____ hat meine Mutter endlich mal dienstfrei. (_____)

3 Ab Freitag _____ haben wir Ferien. (_____)

4 Heute ist Dienstag _____ . (_____)

5 Wir schreiben am Mittwoch _____ eine Leistungskontrolle in Deutsch. (_____)

6 Auf einem Schild ist zu lesen: Auch der Doktor braucht mal drei Wochen Urlaub. Sie erreichen mich leider von Montag _____ bis Freitag _____ _____ nicht unter der bekannten Nummer. (_____)

●●● **b** Bestimme den verwendeten Fall und schreibe ihn in die Klammern.

② Beantworte die Fragen mit der Angabe des Wochentags und des Datums. Achte auf die Kommasetzung.

1 Welcher Tag und welches Datum ist heute?

_____

2 Wann beginnen und enden in diesem Jahr die Winterferien?

_____

_____

3 Von wann bis wann gibt es dieses Jahr Sommerferien?

_____

_____

Kommasetzung bei der Infinitivgruppe

! **Infinitivgruppen** (erweiterte Infinitive mit *zu*) müssen meist durch ein **Komma** abgegrenzt werden. Ist ein Infinitiv nicht erweitert, kann man ein Komma setzen, um die Gliederung des Satzes zu verdeutlichen, z. B.:
Oma versprach(,) zu kommen. Oma versprach, mit dem Abendzug zu kommen. Wir gingen zum Bahnhof, um sie abzuholen.
Man kann Fehler vermeiden, wenn man das Komma immer setzt.

TIPP
Achte auf Signalwörter, wie *als, anstatt, außer, statt, ohne, um,* um die Infinitivgruppe zu finden.

Achtung, Fehler!

1 Unterstreiche die Infinitivgruppen und setze die fehlenden Kommas.

1 Kannst du nicht spielen ohne solchen Lärm zu machen? **2** Anstatt Hausaufgaben zu machen spielst du lieber am Computer. **3** Ich konnte nichts tun außer laut zu rufen. **4** Du könntest mir in der Küche helfen statt nur hier herumzustehen. **5** Maria ging in den Garten um frische Kräuter zu schneiden.

2 Vervollständige die Sätze durch eine Infinitivgruppe. Setze die Kommas.

1 Ich freue mich darauf _____

2 Denke bitte daran _____

3 Max hat schon oft daran gedacht _____

4 Mein Wunsch ist es _____

5 Hast du die Absicht _____

3 Ersetze die Nebensätze durch eine Infinitivgruppe.

1 Jonas geht morgens aus dem Haus, ohne dass er gefrühstückt hat.

Jonas geht morgens aus dem Haus, ohne zu frühstücken.

2 Karen betrat den Raum, obwohl sie nicht angeklopft hatte.

_____

3 Meine Eltern haben mir erlaubt, dass ich dich am Wochenende sehen kann.

_____

●●● **4** Forme die unterstrichenen Wortgruppen in Infinitivgruppen um.

1 Der Boxer rühmt sich seiner Unbesiegbarkeit.

_____

2 Der Besuch des Freiluftmuseums war sehr interessant.

_____

TIPP
Einen Satz kannst du in der Reihenfolge vollständig verändern.

Textgestaltung durch Satzverknüpfung

! Um Sätze eines Textes inhaltlich miteinander zu verbinden, Wortwiederholungen zu vermeiden, den Text flüssiger und verständlicher zu gestalten, werden **sprachliche Mittel der Verknüpfung** verwendet, z.B.:
- **Pronomen**, wie *sie, diese, das,*
- **Adverbien**, wie *dort, dann, danach, deshalb,*
- **Wörter aus dem gleichen Wortfeld**, wie *Schulbuch, Muttersprache, Lesebuch.*

Die Verknüpfungsmittel stehen oft an der ersten Stelle im Satz, also vor der finiten Verbform. Sie besetzen damit das **Vorfeld** des Satzes, z.B.:
Die Familie will die Wohnung renovieren.

Das	*hat*	*sie*	*noch nie selbst gemacht.*
Vorfeld	finite Verbform	Subjekt	

Man kann den Textfluss auch verbessern, indem man die **Satzglieder umstellt**.

TIPP
Nutze Korrekturzeichen, z.B.:
WW – Wortwiederholung,
SV – Satzverknüpfung,
SG – Satzgliedstellung.

1 Franka ist zurzeit auf Klassenfahrt. Sie schreibt der Familie einen Brief, in dem sie ihr mitteilt, was sie schon erlebt hat.

a In dem Brief sind die Sätze nicht miteinander verknüpft und es treten viele Wortwiederholungen auf. Überarbeite ihn. Markiere zuerst alle Stellen, die du ändern würdest.

> Hallo, ihr zu Hause,
>
> unsere Jugendherberge ist ganz toll. Die Jugendherberge liegt an einem kleinen See. Der See hat sogar eine Badestelle. Wir sind gerade zum Mittagessen angekommen. Zum Mittagessen gab es Spagetti, Tomatensoße und Salat. Nach dem Mittagessen haben wir unsere Zimmer bekommen und haben unsere Koffer ausgepackt. Ich bin mit Judith und Kathi im Zimmer. Das Zimmer ist nicht sehr groß. Das Zimmer ist aber sehr gemütlich. Dann waren wir auf dem Spielplatz. Wir haben gegen eine andere Klasse Volleyball gespielt. Wir haben gewonnen. Morgen wollen wir zu einem Schloss wandern. Im Schloss soll es noch Gespenster geben. Mal sehen, ob die Gespenster sich trauen, uns vor die Augen zu treten. Am Abend wollen wir grillen. Übermorgen wollen uns unsere Lehrer überraschen. Am Freitag fahren wir nach dem Frühstück hier los. Wir fahren 2 Stunden. Wir kommen um 11 Uhr an der Schule an. Holt ihr mich mit dem Auto ab oder ist das Auto immer noch in der Werkstatt?
>
> Bis dann!
>
> Eure Franka

b Schreibe den überarbeiteten Brief in dein Heft.

Wortbildung

Zusammensetzungen

> **!**
>
> **Zusammensetzungen** erweitern und bereichern unseren Wortschatz. Sie bestehen aus einem **Bestimmungswort**, das manchmal selbst eine Zusammensetzung sein kann, und einem **Grundwort**, das über die Wortart und damit über die **Groß- und Kleinschreibung** entscheidet, z. B.:
>
> *die Liebe + voll → liebevoll; laufen + der Stil → der Laufstil.*
>
> Manchmal muss ein **Fugenelement**, wie *-e-, -(e)s, -er-, -(e)n-,* eingefügt werden, z. B.:
>
> *die Unterhaltung + die Sendung → die Unterhaltungssendung,*
>
> *die Sonne + die Wende → die Sonnenwende.*

TIPP

Ein zusammengesetztes Verb ist schwer zu entdecken.

1 Bekannter deutscher Dichter gesucht!

a Suche alle 22 zusammengesetzten Wörter und trenne deren Bestandteile durch einen senkrechten Strich voneinander. Achte auf Fugenelemente.

Vornamen:

_____

_____

Nachname:

_____

Geburt │s│ tag: 28. August 1749 +++ Heimatstadt: Frankfurt am Main +++ Schulbildung: vom Vater und Privatlehrern unterrichtet +++ Studium: Rechtswissenschaft in Leipzig und Straßburg +++ 1775 Provinzstadt Weimar: Beschäftigung mit Dichtkunst und verschiedenen Naturwissenschaften +++ Staatsdienst bei Herzog Karl August: Finanzminister, Bergbauminister, Straßenbauminister +++ Fernweh: bereiste viele Länder Europas, u. a. Italien +++ Familienstand: verheiratet mit Blumenmädchen +++ Weimarer Hofadel grenzte sich ab +++ Grabstätte: Fürstengruft in Weimar

b Schreibe drei Zusammensetzungen heraus und bilde mit den Grund- und Bestimmungswörtern jeweils eine neue Zusammensetzung.

Geburtstag: Geburtsjahr, Freudentag, _____

_____

_____

_____

2 Zerlege die Wörter in ihre Bestandteile und ordne diese zu sinnvoll zusammengesetzten Nomen/Substantiven. Unterstreiche auffällige Konsonantenhäufungen und präge dir die Schreibungen ein.

1 Fetzenstoff – _____

2 Lappenwoll – _____

3 Nesselbrennhärchen – _____

4 Mittellebenslistebestell – _____

5 Schiffgesellschaftfahrtsfluss – _____

8 Dosen
Sardinen
10 Kilo Speck
20 Kilo Zwiebeln
40 Pakete Nudeln
2 kg Parmesan
Gewürze!!

3 Bilde aus folgenden Wörtern Zusammensetzungen und verwende sie in Wortgruppen. Bestimme, welcher Wortart deine Zusammensetzungen angehören.

Bild

schön

Zentner

schwer

Stein

weich

reich

Nagel

leicht

weiß

Butter

schwarz

neu

Schnee

Feder

Pech

ein bildschönes Mädchen, _____

_____

_____

_____

> **!** Die meisten **zusammengesetzten Verben** sind **unfest** (trennbar) zusammengesetzt, z.B.:
> *mitspielen – ich spiele mit, ansagen – er sagt an, mitteilen – ich teile mit.*
> Bei Zusammensetzungen mit *unter-, durch-, wieder-, über-* entscheiden Bedeutung und Betonung, ob das Verb fest oder unfest zusammengesetzt ist, z.B.:
> *das Konto über̲ziehen* → **Grundwort betont** → fest zusammengesetzt
> *die Weste ü̲berziehen* → **Bestimmungswort betont** → unfest zusammengesetzt

TIPP
Bilde die Leit-/ Stammformen.

4

a Wähle jeweils das passende Verb aus und setze es in die Lücke ein. Kreuze an, ob es ein fest oder unfest zusammengesetztes Verb ist.

überlegen – auflösen – unterschreiben – anlegen – abholen

fest	unfest

1 Das Schiff wird gleich am Kai _____ .

2 Du solltest den Brief handschriftlich _____ .

3 Kannst du bitte mein Buch _____ ?

4 Für das Experiment musst du Salz in Wasser _____ .

5 Du musst genau _____ , was du tust.

b Wähle das passende Verb aus und setze es im Präsens in die Lücken ein.

1 Wir _____ zum nächsten Tagesordnungspunkt _____ .

Du _____ seine Einwände einfach.

2 Ich _____ mir nur noch einen Pullover _____ .

Du _____ dein Konto.

3 Er _____ den Text bis morgen. Wir _____

mit der Fähre _____ .

WORTLISTE
überziehen – übergehen – übersetzen

Ableitungen

Ableitungen entstehen durch das Anfügen von Präfixen (Vorsilben) oder Suffixen (Nachsilben) an einen Wortstamm.

Häufig verwendete **Präfixe** sind z.B.: *be-, er-, ent-, ver-, zer-, un-, miss-*.

An bestimmten **Suffixen** kann man die Wortart erkennen und dadurch entscheiden, ob das Wort groß- oder kleingeschrieben werden muss:

- Nomen/Substantive, z.B.: *-ung, -heit, -keit, -(t)ion, -ik, -ine,*
- Adjektive, z.B.: *-lich, -ig, -isch, -sam, -bar, -haft, -iv,*
- Verben, z.B.: *-ier(en).*

Auch durch **Änderung des Stammvokals** können Ableitungen entstehen, z.B.: *trinken – Trank, Getränk, tränken, Trunk.*

1

a Bilde abgeleitete Verben und Nomen.
Unterstreiche die verwendeten Präfixe und Suffixe.

Infinitiv	abgeleitetes Verb	abgeleitetes Nomen/Substantiv
füllen	*erfüllen*	*Füllung*
stören		
klären		
decken		
zeichnen		
nennen		
streuen		
mahnen		
öffnen		

b Verwende je fünf abgeleitete Verben und Nomen in Sätzen. Schreibe in dein Heft.

2 *-ig, -isch* oder *-lich*? Leite mithilfe der Suffixe Adjektive ab. Unterstreiche das Suffix.

TIPP
Beachte: Endet der Wortstamm auf *-l*, folgt immer *-ig*. Nutze auch die Verlängerungsprobe.

1 Mund – *mündlich*   **2** Saft – _____   **3** Ruhe – _____

4 Hand – _____   **5** Durst – _____   **6** Teufel – _____

7 Witz – _____   **8** Öl – _____   **9** Mehl – _____

10 Angst – _____   **11** Musik – _____   **12** Sturm – _____

13 Grund – _____   **14** Freund – _____   **15** Eile – _____

3 Bilde abgeleitete Nomen, indem du den Wortstamm veränderst.

1 ziehen – *der Zug* _____   **5** fliegen – _____

2 gießen – _____   **6** gehen – _____

3 binden – _____   **7** fädeln – _____

4 schließen – _____   **8** schieben – _____

4

a Unterstreiche im Text mindestens acht Ableitungen und acht Zusammensetzungen.

Ein guter Freund – Werner Freund

Vor zehn Jahren lernte ich zufällig einen ganz besonderen Menschen kennen. In seiner Heimatstadt Merzig im Saarland wird er von allen liebevoll der „Wolfs-mensch" genannt. Mit bürgerlichem Namen heißt er Werner Freund. Werner – so darf ich inzwischen zu ihm sagen – lebt mit mehreren Wolfsrudeln in einem gro-
5 ßen Waldgebiet zusammen, welches in einzelne Freigehege unterteilt ist. Er wird von den Tieren als Oberwolf, der in der Rangordnung noch über dem Alphawolf steht, anerkannt. Die Menschen, denen ich von ihm berichtet habe, schütteln un-gläubig den Kopf und denken, dass das eine Lügengeschichte sei. Aber alles ent-spricht der Wahrheit. Werner Freund zählt heute zu den anerkannten Tierverhal-
10 tensforschern der Welt. Er beobachtet seine Tiere von Geburt an und begleitet sie auch in den Tod. Übrigens, zu seinem Freundeskreis gehörten Konrad Lorenz, der durch das Zusammenleben mit Gänsen bekannt wurde, Jane Goodall, die berühmte Schimpansenforscherin, und Heinz Meinhardt aus Burg bei Magdeburg, der als Art-genosse in Wildschweinrotten aufgenommen wurde. Wenn ihr einmal in der Ge-
15 gend um Merzig seid, dann verpasst es nicht, einen kleinen Umweg zu machen und die Faszination zu spüren, wie völlig wilde Raubtiere und ein Mensch nebeneinan-der und miteinander leben können.

b Notiere zu folgenden abgeleiteten Verbformen aus dem Text die Infinitive. Unterstreiche die Präfixe.

berichtet – berichten, errichten, ver _____

erkannt – _____

entspricht – _____

begleitet – _____

gehörten – _____

c Bilde weitere abgeleitete Verben, indem du geeignete Präfixe verwendest. Schreibe sie im Infinitiv zu den Beispielen in Aufgabe b.

d Verwende deine abgeleiteten Verben in Sätzen. Du kannst auch einen kurzen Text entwerfen, in dem möglichst viele der Verben vorkommen. Schreibe in dein Heft.

Mit dem Wörterbuch arbeiten

Wörter nachschlagen

> **!** In **Wörterbüchern** findet man **Stichwörter** in **alphabetischer Reihenfolge**. Oft erhält man nicht nur Auskunft über die Schreibung und Bedeutung eines Wortes, sondern auch über die Silbentrennung, Aussprache, Betonung, Herkunft und Bildung wichtiger Wortformen. **Seitenleitwörter** helfen bei der Orientierung. Sie geben das erste und letzte Wort einer Seite oder Doppelseite an.

1 Ordne folgende Wörter in alphabetischer Reihenfolge. Schreibe sie auf.

1 Ganove – Gandhi – ganz – Gangschaltung – Gans

_____

_____

_____

2 Rückspiel – Rückenmark – Rückenschwimmen – Rückflug – Rückstau – rückläufig – Rückenwind

_____

_____

_____

_____

Achtung, Fehler!

MERKZETTEL
Diese Wörter will ich mir merken:

_____

_____

_____

_____

2 Überprüfe die Schreibung mithilfe des Wörterbuchs. Streiche die falschen Varianten durch und notiere die Seitenzahl, auf der du das Stichwort gefunden hast.

1 Revolver – Rewolwer – Rewolver   Seite: _____

2 ofiziel – offiziell – ofitziell   Seite: _____

3 Karrosserie – Karosserie – Karroserie   Seite: _____

4 Dipftong – Diphthong – Diphtong   Seite: _____

3 Suche den richtigen Artikel. Schlage im Wörterbuch nach.

1 _____ Krake   **5** _____ Bonsai

2 _____ Hotdog   **6** _____ Laptop

3 _____ Ketchup   **7** _____ Nougat

4 _____ E-Mail   **8** _____ Gelee

4 Suche die fehlenden Informationen im Wörterbuch. Antworte im Satz.

1 Was ist ein *Dekret*?

_____

2 Aus welcher Sprache stammt das Wort *perplex*?

_____

3 Was versteht man unter *Update*?

_____

5 Sieh dir die folgenden Beispiele aus einem Wörterbuch an.
Ordne die Informationen richtig zu und beschrifte.

Betonung – Aussprache in Lautschrift – Herkunft – Artikel/Geschlecht – Bedeutung –
Genitiv Singular – Silbentrennung – Schreibvariante – Nominativ Plural –
Verweis auf Rechtschreibregel – Konjugationsform(en) des Verbs

di|plo|ma|tisch (die Diplomatie u. die Diplomatik betreffend; urkundlich; klug
u. geschickt im Umgang); das diplomatische Korps ↑ K 89 ; *vgl. aber* ↑ K 150 :
das Diplomatische Korps in Rom

Dis|co, Dis|ko, die; -, -s ‹engl.› (Tanzlokal u. -veranstaltung mit CD- oder Schall-
plattenmusik)

down|loa|den [ˈdaʊnloʊdn̩] ‹engl.› (*EDV* Daten von einem Computer, aus dem
Internet herunterladen); ich downloade, ich habe downgeloadet

6 Schreibe die in Lautschrift gedruckten Wörter richtig auf. Überprüfe ihre Schreibung im Wörterbuch.

TIPP
Die Zeichen der
Lautschrift sind
ebenfalls im Wör-
terbuch zu finden

1 Der [ʒɔŋ(g)ˈløːɐ̯] _____ beeindruckte mich während seiner

Vorstellung sehr.

2 Bei der Europameisterschaft gewann Deutschland viele

[meˈdaljən] _____ .

3 In unserer [gaˈraʒə] _____ finden auch alle Fahrräder Platz.

4 Beim letzten Fußballspiel gab es zu viele [faʊls] _____ .

Regeln nachschlagen

> Die meisten Rechtschreib-Wörterbücher enthalten neben dem Wörterverzeichnis auch eine Übersicht über die gültigen **Rechtschreibregeln**. Diese sind meist mit K (Kennziffer) oder R (Regel) und einer Nummer gekennzeichnet und befinden sich am Anfang des Wörterbuchs. Im Wörterverzeichnis findet man auch Verweise auf den Regelteil.

1 Der Regelteil eines Wörterbuchs hat eine bestimmte Struktur.

a Lies den folgenden Ausschnitt aus dem Inhaltsverzeichnis des Regelteils.

Fremdwörter K 38–K 42
Die Angleichung (Integration) der Fremdwörter K 38–K 39
Zur Groß- und Kleinschreibung K 40
Zusammengesetzte Fremdwörter K 41–K 42
Namen K 134–K 151
Personennamen K 134–K 139
Geografische (erdkundliche) Namen K 140–K 149
Sonstige Namen K 150–K 151
ss und *ß* K 159–K 160
Worttrennung K 164–K 168
Die Trennung einfacher Wörter K 164–K 166
Die Trennung zusammengesetzter Wörter K 167–K 168

b Überlege, in welchem Abschnitt des Regelteils du suchen würdest, und notiere die entsprechenden Kennziffern. Überprüfe die Schreibung mit einem Nachschlagewerk.

1 *Biographie* oder *Biografie?*

Kennziffern: _____

Richtige Schreibweise: _____

2 *A-bend* oder *Abend?*

Kennziffern: _____

Richtige Schreibweise: _____

3 *Schweizer Käse* oder *schweizer Käse?*

Kennziffern: _____

Richtige Schreibweise: _____

4 *Strasse* oder *Straße?*

Kennziffern: _____

Richtige Schreibweise: _____

c Suche die zutreffenden Regeln im Regelteil deines Wörterbuchs und ergänze diese Kennziffern in Aufgabe b.

Wortstämme richtig schreiben

Wörter mit *h* und ohne *h*

> **!** Wörter bestehen aus einzelnen **Bauteilen**, z. B.:
> Präfix (Vorsilbe), Wortstamm, Suffix (Nachsilbe)
> *Er* | *leb* | *nis*
> Diese Bauteile sind bedeutsam für die Rechtschreibung, weil sie **fast immer gleich geschrieben** werden. Die Schreibung wird praktisch von Wort zu Wort „vererbt". Deshalb spricht man auch von der **Wortstammschreibung** und von stammverwandten Wörtern.

1 Bilde mit den verschiedenen Wortbausteinen möglichst viele stammverwandte Wörter.

nehm   klär   auf   be-   ein   ab   an   ent-

ge-   ver-   -ung   -en   -e   -heit   -keit   -t

_____

_____

_____

_____

_____

_____

Rechtschreibhilfe: Verwandtschaftsprobe

2

a Ergänze stammverwandte Wörter.

1 gären – die G_____ – geg_____

2 befehlen – du be_____ (Präsens) – er be_____ (Präteritum) – der Be_____haber

3 fliehen – der Ge_____ – er f_____ (Präteritum) – die F_____kraft

4 sparen – das S_____buch – s_____sam – die Ers_____nisse

b Überprüfe die Schreibung des Wortstamms in den stammverwandten Wörtern. Was fällt dir auf? Formuliere einen Merksatz.

*Bei*_____

_____

3 Bilde möglichst viele stammverwandte Wörter verschiedener Wortarten zu den angegebenen Wortstämmen und schreibe sie in die Kreise.

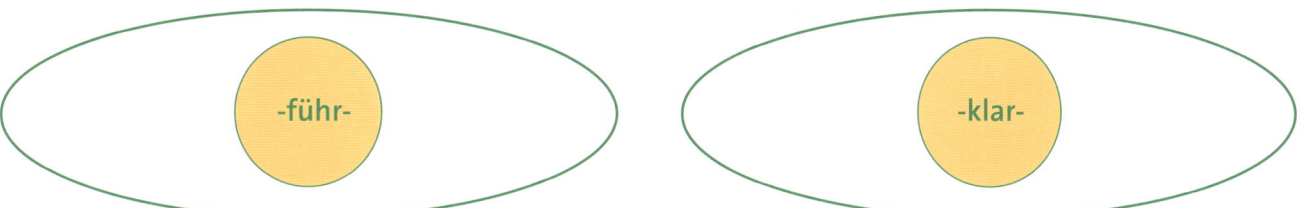

-führ-

-klar-

4

a Ergänze die fehlenden Wörter in den folgenden Redewendungen.

1 der H_____ im Korb sein   **2** B_____ und Wasser schwitzen

3 A_____ bestätigen die Regel   **4** auf D_____ sein

5 den B_____ riechen   **6** sich etwas hinter die O_____ schreiben

7 einen Z_____ zulegen   **8** den F_____ verlieren   **9** nur B_____

verste___en   **10** vom L_____ zie___en   **11** hinterm O_____ vorlocken

12 jemandem auf die Z_____ treten

b Unterstreiche in allen eingesetzten Wörtern den Wortstamm. Ordne die Wörter in folgende Tabelle ein.

ohne *h*	silbenschließendes *h* (Dehnungs-*h*)	silbenöffnendes *h*
_____	_____	_____
_____	_____	_____
_____	_____	_____
_____	_____	_____
_____	_____	_____
_____	_____	_____

c Erläutere, was die Redewendungen in Aufgabe a ausdrücken.

5 Mit *h* oder ohne *h*? Setze ein *h* ein, wo es nötig ist.

Er ka___m zie___mlich la___m und za___m daher und na___m seinen Kra___m und den Ra___men, um zu ma___len die schma___len Da___men. Der Ma___ler war ka___l, die Da___men so fa___l. Am Ende ganz kla___ – es war die falsche Wa___l.

Konsonantenverdopplung nach kurzem Stammvokal

! Nach einem **kurzen Stammvokal** folgen meist **zwei Konsonanten** (Mitlaute). Der **Konsonant** wird nach einem kurzen Vokal (Selbstlaut) **verdoppelt**, wenn er zwei Silben wie ein Gelenk miteinander verbindet (**Silbengelenk**), z. B.:
Wan – ne , Kel – le.
Entsteht bei zwei unterschiedlichen Konsonanten kein Silbengelenk, wird nicht verdoppelt, z. B.:
Tan – te, hal – ten.
Einsilbige Wörter muss man verlängern, um zu wissen, wie sie geschrieben werden, z. B.:
mu▪ – müs-sen – muss, Wal▪ – Wäl-der – Wald.
Das Prinzip der **Wortstammschreibung** gilt auch bei der **Konsonantenverdopplung**. Die Schreibung nach kurzem Stammvokal bleibt in allen verwandten Wörtern bestehen, z. B.:
hell – heller – am hellsten – aufgehellt – Helligkeit,
halten – hält – hältst – Halt – Haltepunkt – haltlos – haltbar.

1

a Bei dem folgenden Zungenbrecher ist etwas verlorengegangen. Ergänze die fehlenden Doppelkonsonanten.

Auf den sieben Ro_____enkli_____en

sitzen sieben Ro_____ensi_____en,

die sich in die Ri_____en sti_____en,

bis sie von den Kli_____en ki_____en.

b Bilde zu den beiden Verben aus Übung a die Leitformen/Stammformen. Unterstreiche die zwei Konsonanten nach dem kurzen Stammvokal.

_____

_____

_____

_____

c Schreibe möglichst viele Reimwörter mit Doppelkonsonanten auf.

*Klippe:*_____

_____

d Schreibe Wörter mit den Doppelkonsonanten *bb* und *pp* auf.

_____

_____

_____

Rechtschreibhilfen: Verlängerungs- und Verwandtschaftsprobe

2

a Ergänze die fehlenden Konsonanten im folgenden Lückentext.

Kattas – vielleicht ke_____st du noch den Begri_____ Lemuren, so wurden Ka_____as nämlich früher gena_____t – gehören zu den Primaten und hier zu den Feuchtnasenaffen. Sie leben in Gru_____en zusa_____en, durchschni_____lich bi_____en 15 Tiere eine Familie. Bei den Kattas sind die Frauen die Chefs, aber auch die Männchen haben untereinander eine fe_____e Ra_____ordnung, die durch so gena_____te „Stinkkämpfe" fe_____gelegt wird.

Wer die größten Feinde der Kattas sind, wie sie sich untereinander verstä_____di-gen, wie ein ganz normaler Tag im Leben der Kattas aussieht, ka_____st du im In-ternet recherchieren. Die gesa_____elten Informationen gib in deiner Kla_____e weiter, dann kö_____en a_____e a_____es erfahren.

b Beantworte folgende Fragen.

1 Was musst du bei einsilbigen Wörtern tun, wenn du bei der Schreibung unsicher bist?

_____

2 Bei welchen Wörtern findet nach kurzem Stammvokal keine Konsonantenver-dopplung statt?

_____

_____

c Warum heißt es „Stinkkämpfe" und nicht „Stinkkämmpfe"? Begründe.

_____

_____

_____

_____

_____

3 Setze die Wörter in die richtigen Wortfenster ein.

dünn – sonnig – gehofft – sitzt – konnte

Wörter mit *s*, *ss*, *ß* im Wortstamm

In allen **stammverwandten** Wörtern bleibt das *s*, *ss* oder *ß* im **Wortstamm erhalten**, z. B.: *lies – las – gelesen, grüßen – gegrüßt – Gruß.*
Nach folgender Regel wechseln *ss* und *ß*: Nach kurzem Vokal steht *ss*. Nach langem Vokal oder Diphthong (Zwielaut) schreibt man *ß*, z. B.:
reißen – gerissen – Riss, gießen – gegossen – Regenguss.

1 Ordne alle stammverwandten Wörter in die richtige Spalte ein. Unterstreiche den jeweiligen Wortstamm.

beißen – rußverschmiert – unvergesslich – haushalten – Gebiss – Vergesslichkeit – Hausfrau – hat gerußt – rußig – häuslich – bissfest – vergesslich – Rußpartikel – hausen – du vergisst – gebissen – Häuschen – bisschen – verrußen – Vergissmeinnicht

Biss	Haus	Ruß	vergessen

2 Lies den Text von Franz Fühmann.

Regennachmittage

Am nächsten Morgen regnete es erst in Massen, dann in Maßen. Als Erster steckte Emmanuel seine Nase ins Nasse. Da sah er Caroline.
Sie ging langsam, als wollte sie, obwohl sie stark nieste, das Nieseln genießen, und nun blieb sie gar vor einer Grünfläche stehen, darin Streifen dickhalmigen dunklen
5 und dünnhalmigen hellen Grases mit Blumenbeeten wechselten.
„Reiß kein Reis aus", warnte Emmanuel, „sonst nehm ich Reißaus."
„Das tu ich nicht", sagte Caroline, „ich überleg bloß, was das für Rasenrassen sind."
Emmanuel zuckte die Schultern.
„Es ist scheußlich, wie wenig wir von den Wiesen wissen", meinte Caroline.
10 „Wessen Wesen ist denn vollkommen?", meinte Emmanuel, „so weis, dass er alles weiß, ist keiner."
„Dass es so sein muss, das ist gar nicht schön", sagte Caroline traurig.

a Lege in deinem Heft eine Liste mit ähnlich klingenden Wörtern des Textes an und erkläre ihre unterschiedliche Schreibung.

Massen (kurzer Stammvokal) – Maßen (langer Stammvokal), ...

 b Diktiert euch gegenseitig den Text und schreibt ihn in euer Heft.

Die Wortbausteine -*end*-, *ent*- und -*t*-

> **!** Präfixe (Vorsilben) und Suffixe (Nachsilben) werden, genauso wie Wortstämme, immer gleich geschrieben. Man kann sich folgende Regel merken: Der **Stamm -*end*-** wird **stets betont**, das **Präfix *ent*-** stets **unbetont** gesprochen, z. B.:
> *der Endspurt, beenden; entdecken, die Entscheidung.*
> Auch **Fugenelemente** sind Wortbausteine, wie z. B. das -*t*- in:
> *hoffen + t + lich → hoffentlich.*
> Das *t* wird eingefügt, damit man das Wort besser sprechen kann.

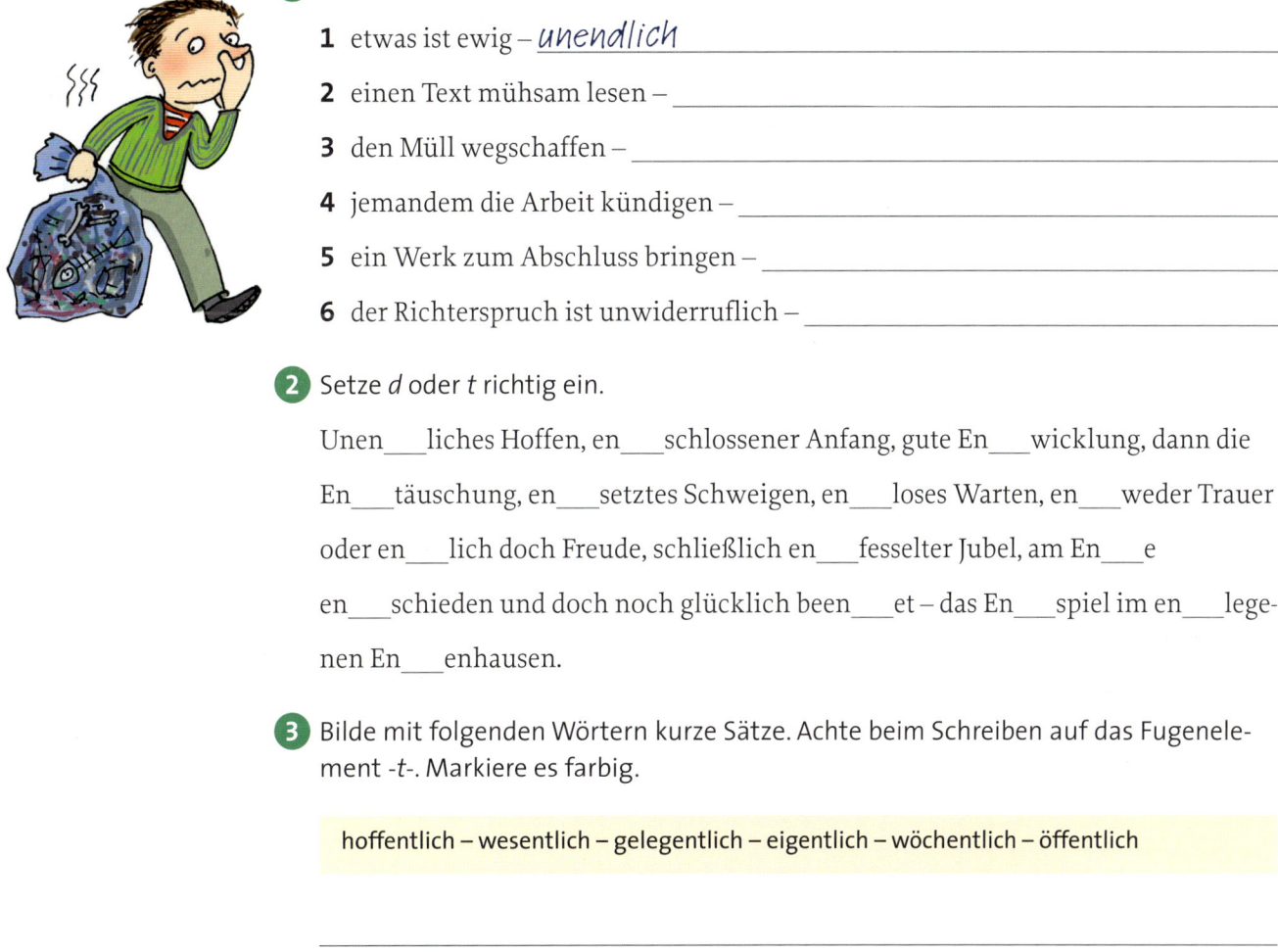

1 *ent*- oder -*end*-? Suche für die Umschreibungen das passende Wort.

1 etwas ist ewig – *unendlich* _____

2 einen Text mühsam lesen – _____

3 den Müll wegschaffen – _____

4 jemandem die Arbeit kündigen – _____

5 ein Werk zum Abschluss bringen – _____

6 der Richterspruch ist unwiderruflich – _____

2 Setze *d* oder *t* richtig ein.

Unen____liches Hoffen, en____schlossener Anfang, gute En____wicklung, dann die En____täuschung, en____setztes Schweigen, en____loses Warten, en____weder Trauer oder en____lich doch Freude, schließlich en____fesselter Jubel, am En____e en____schieden und doch noch glücklich been____et – das En____spiel im en____lege-nen En____enhausen.

3 Bilde mit folgenden Wörtern kurze Sätze. Achte beim Schreiben auf das Fugenele-ment -*t*-. Markiere es farbig.

> hoffentlich – wesentlich – gelegentlich – eigentlich – wöchentlich – öffentlich

_____

_____

_____

_____

_____

_____

Groß- und Kleinschreibung

Die Schreibung von Eigennamen

> **!**
>
> **Eigennamen** bezeichnen z. B. Personen, Orte, Veranstaltungen, Organisationen und Institutionen als einmalig. Eigennamen werden immer **großgeschrieben**, z. B.:
> *Dirk Neumann, Potsdam, Bahnhofstraße.*
> Sind Adjektive, Partizipien oder Numeralien (Zahlwörter) Teil eines Eigennamens, werden auch diese großgeschrieben, z. B.:
> *Deutsches Rotes Kreuz, die Vereinigten Staaten, Friedrich der Zweite.*
> Ableitungen von geografischen Eigennamen auf **-er** schreibt man groß, z. B.:
> *Thüringer Wald, Schweizer Käse.*
> Ableitungen von geografischen Eigennamen auf **-isch** schreibt man nur dann groß, wenn sie Teil eines Eigennamens sind, z. B.:
> die *Sächsische Schweiz* (aber: *sächsische Städte*).

1 Ordne die Silben in der richtigen Reihenfolge und schreibe die Eigennamen auf.

1 die li-che-Kö-nig-heit-Ho- – *die Königliche Hoheit* _____

2 das te-Al-ment-ta-Tes- – _____

3 der sche-Deut-tag-des-Bun- – _____

4 der Abend-ge-li-Hei- – _____

5 der he-Na-ten-Os- – _____

2 Füge Adjektive und Nomen aus der Wortliste zu Eigennamen zusammen.

> still – rot – schwarz – schief – weiß – chinesisch
> Ozean – Meer – Witwe – Turm – Haus – Mauer

_____

_____

_____

_____

3 Groß oder klein? Setze das Adjektiv in Klammern jeweils in der richtigen Schreibung ein. Begründe deine Entscheidung.

1 Die _____ Mauritius ist eine der wertvollsten Briefmarken der Welt. Gestern fuhren wir auf _____ Dunst bei meiner Tante vorbei. (blau)

2 In Berlin findet jedes Jahr die _____ Woche statt. In der Stadt herrschte reger Verkehr, aber wir hatten eine _____ Welle. (grün)

Die Schreibung von Zeitangaben (Tageszeiten)

1 Ergänze die Uhr, indem du Beispiele in den entsprechenden Teil des Zifferblatts schreibst.

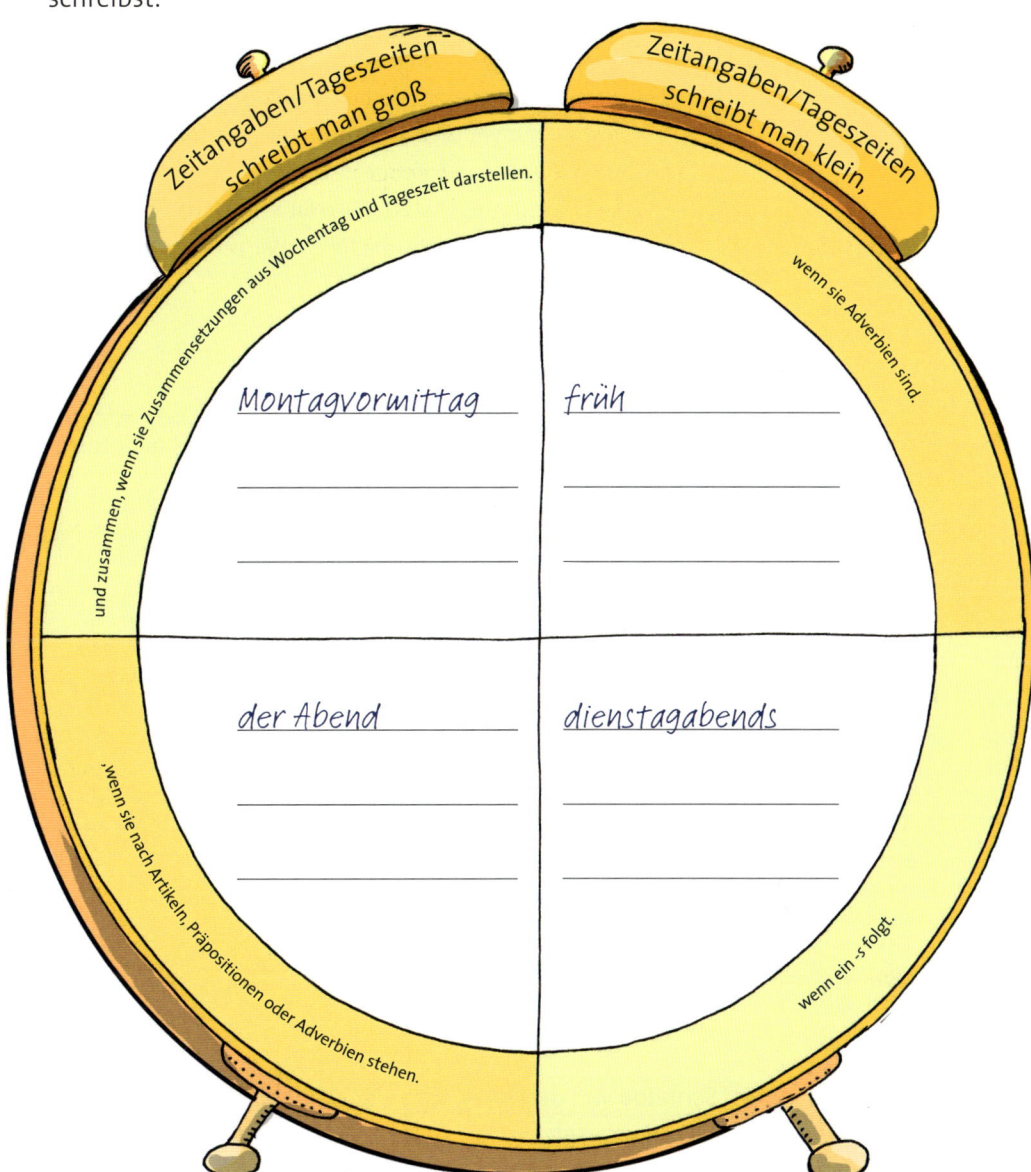

Zeitangaben/Tageszeiten schreibt man groß

und zusammen, wenn sie Zusammensetzungen aus Wochentag und Tageszeit darstellen.

, wenn sie nach Artikeln, Präpositionen oder Adverbien stehen.

Zeitangaben/Tageszeiten schreibt man klein,

wenn sie Adverbien sind.

wenn ein -s folgt.

Montagvormittag

früh

der Abend

dienstagabends

2 Setze die Tageszeiten in der richtigen Schreibung in die Lücken ein.

> MORGENS – HEUTE MORGEN – ABENDS – GESTERN – MORGENS –
> MITTWOCHNACHMITTAG – DIENSTAGABEND – SONNTAGABENDS

1 Ich putze mir *morgens* und _____ die Zähne.

2 _____ kam ich zu spät in die Schule.

3 Zum Fußballtraining gehe ich immer am _____.

4 Wollen wir _____ ins Kino gehen?

5 Du warst _____ wirklich schlecht drauf.

6 Immer _____ spielen wir alle gemeinsam ein Spiel.

7 Eines _____ hat er mich mit schönen Blumen überrascht.

Getrennt- und Zusammenschreibung

Fest und unfest zusammengesetzte Verben

> **Fest und unfest zusammengesetzte Verben** unterscheidet man mithilfe der **Betonung**:
> - fest zusammengesetzte Verben → **Grundwort betont**, z. B.: *unterbrechen*,
> - unfest zusammengesetzte Verben → **Bestimmungswort betont**, z. B.: *stattfinden*.
>
> Einige Verben bilden besonders in Verbindung mit *wieder, durch, unter, über, um* feste und unfeste Zusammensetzungen mit unterschiedlichen Bedeutungen, z. B.:
> *Die Polizei will das Gebäude umstellen. Wir wollen die Möbel in unserem Haus umstellen.*

a Suche aus der Wortliste die unfest zusammengesetzten Verben heraus und bilde die Leitformen/Stammformen. Unterstreiche das betonte Bestimmungswort.

einhalten – hielt ein – eingehalten,

WORTLISTE
einhalten –
unterbleiben –
vorbringen –
ausführen –
aufdecken –
übertreiben –
vorlesen –
überschätzen

b Bilde mit den Verben aus Aufgabe a jeweils einen sinnvollen Satz. Schreibe in dein Heft.

c Schreibe von den Verben aus der Wortliste diejenigen untereinander, die fest zusammengesetzt sind. Ergänze die Leitformen/Stammformen. Unterstreiche das betonte Grundwort.

unterbleiben – unterblieb – unterblieben,

Rechtschreibhilfen:
Betonungsprobe,
Bedeutungsprobe

2 Bilde mit den folgenden Verben Sätze. Achte auf die unterschiedliche Betonung und Bedeutung. Schreibe in dein Heft.

TIPP
Lies die Wörter übertrieben laut.

unterstellen – unterstellen – durchbrechen – durchbrechen –
hintergehen – hintergehen – übersetzen – übersetzen

> **!** Bei **Infinitivgruppen** (erweiterter Infinitiv mit *zu*) musst du besonders auf die **zusammengesetzten Verben mit *zu*** achten.
> Das *zu-* verändert die Bedeutung. Die **Betonungsprobe** hilft bei der Schreibung:
> Verb betont → **Getrenntschreibung**, z.B.: *zu sehen*,
> *zu-* betont → **Zusammenschreibung**, z.B.: *zusehen*.

3

a Trenne alle Wörter durch einen senkrechten Strich.

1 ICH|WÜRDE|MICHFREUEN, WENNDUMIRZUHÖRENKÖNN-
TEST.

2 VIELELIEBENES, MODERNEMUSIKZUHÖREN.

3 ICHBATSIE, MIREINECHANCEZUGEBEN.

4 ERSOLLTESEINEFEHLERZUGEBEN.

5 ERFLEHTEMICHAN, NOCHEINMALMITIHMZUREDEN.

6 DERHUNDWARSOSCHEU, DASSWIRIHMGUTZUREDENMUSS-
TEN.

7 ERHATTEFEHLERGEMACHT, DAWARNICHTSMEHRZUMACHEN.

8 HEUTEMÜSSENWIRDARAUFACHTEN, DASSWIRDENLADEN-
PÜNKTLICHZUMACHEN.

b Schreibe nun die Sätze in richtiger Groß- und Klein- sowie Getrennt- und Zusammenschreibung auf.

_____

_____

_____

_____

_____

_____

_____

_____

_____

c Begründe die Kommasetzung in den Sätzen der Aufgabe b.

Fremdwörter

> **!** **Fremdwörter** bereichern unsere Sprache. Man sollte sie aber nur benutzen, wenn man ihre Bedeutung genau kennt.
> Viele Fremdwörter haben typische Bauteile, die immer gleich geschrieben werden. Das sind z. B. die **Suffixe *-ier(en)*, *-ine*, *-iv/-ive*, *-ik* und *-(t)ion*.**

1

TIPP
Du findest waagerecht sechs Fremdwörter und senkrecht drei.

a In diesem Wortgitter findest du Fremdwörter, die dir aus dem Deutschunterricht geläufig sind. Markiere sie.

K	O	N	J	U	N	K	T	I	O	N
A	D	G	E	R	Z	C	X	C	J	K
S	K	O	M	P	A	R	A	T	I	V
U	O	V	S	H	E	E	K	L	T	Z
S	G	W	L	N	M	S	K	P	A	F
A	N	O	M	E	N	Y	U	A	G	H
G	E	N	I	T	I	V	S	S	K	L
Q	U	R	J	K	A	G	A	S	M	I
J	G	A	D	J	E	K	T	I	V	X
I	N	F	I	N	I	T	I	V	M	S
H	A	S	D	F	T	Z	V	B	N	M

b Ordne die in Aufgabe a gefundenen Wörter der richtigen Bedeutung zu.

1 ungebeugte Verbform – _____

2 Eigenschaftswort – _____

3 anderes Wort für *Substantiv* – _____

4 2. Fall der Deklination – _____

5 4. Fall der Deklination – _____

6 Bindewort – _____

7 Steigerungsstufe des Adjektivs – _____

8 Gegenteil von *Aktiv* – _____

9 Fall – _____

TIPP
Schlage, wenn nötig, im Wörterbuch nach.

2 Und noch mehr Fremdwörter aus dem Fachunterricht: Ergänze das Wörterrätsel.

1 Lehre von den Kräften und Bewegungen   M *e* ___ ___ ___ ___ ik

2 Literaturgattung der Gedichte   L ___ ___ ik

3 Pflanzenkunde   B ___ ___ ___ ___ ik

4 Lehre vom Licht   O ___ ___ ik

5 Lehre vom Schall   A ___ ___ ___ ___ ik

TIPP
Es entstehen
Fremdwörter mit
dem Suffix *-ine*.

3 Setze die Silben zu Fremdwörtern zusammen und ordne sie der richtigen Bedeutung zu.

> Spül – Ka – ne – bi – wi – Kan – bi – ne – Vio – Tur – li – ma – ne – La – schi – ne – ti – ne – ne

1 Gerät, das Geschirr säubert – _____

2 Kraftmaschine, die eine drehende Bewegung erzeugt – _____

3 eine „Gaststätte" innerhalb eines Betriebs – _____

4 ein Streichinstrument – _____

5 ein kleiner Raum auf einem Schiff – _____

6 eine herabstürzende Schneemasse – _____

TIPP
Schlage, wenn
nötig, im Wörter-
buch nach.

4 Es gibt viele Fremdwörter mit dem Suffix *-iv/-ive*. Erkläre die Bedeutung der folgenden Wörter.

inklusive: _____

Perspektive: _____

alternativ: _____

_____

Motiv: _____

_____

5 Auch in der Werbung findet man oft Fremdwörter.

a Markiere alle Fremdwörter und übersetze sie ins Deutsche.

Garantiert ohne Konservierungsmittel und synthetische Zusätze!

Ihre Vitalität liegt uns am Herzen.

Wir sorgen für Mobilität.

Hier ist unser Favorit!

Dermatologisch getestet!

DER BESTE HYBRID ALLER ZEITEN!

b Überlege, welche der Fremdwörter unverzichtbar sind und welche man durch deutsche Wörter ersetzen könnte. Notiere deine Veränderungsvorschläge.

_____

_____

Teste dich selbst!

Der folgende Test hilft dir herauszufinden, was du schon sicher kannst und was du noch üben musst. Folgende Bereiche kannst du überprüfen:

A Texte verstehen (Aufgabe 1–8)	ca. 30 min	/ 30 P.
B Grammatik (Aufgabe 9–13)	ca. 25 min	/ 24 P.
C Rechtschreibung (Aufgabe 14–19)	ca. 30 min	/ 25 P.
D Texte schreiben (Aufgabe 20)	ca. 60 min	/ P.
Insgesamt:	ca. 145 min	/ P.

Den Bewertungsmaßstab für Teil D müsst ihr in der Klasse festlegen.
Bevor du mit der Bearbeitung der Aufgaben beginnst, lies die Aufgabenstellungen genau. Trage in die Kästchen deine erreichte Punktzahl ein.

80 % aller Raucherinnen und Raucher haben ihre erste Zigarette vor dem 18. Lebensjahr geraucht. Das durchschnittliche Einstiegsalter liegt in Deutschland bei 13,6 Jahren. Es rauchen in bestimmten Altersgruppen (z. B. 15-Jährige) mehr Mädchen als Jungen. Der größte Raucheranteil ist bei Haupt- und Realschülern, Berufsschülern
5 und erwerbstätigen Jugendlichen festzustellen. Je früher Kinder und Jugendliche mit dem Rauchen beginnen, desto schneller werden sie abhängig und können nicht mehr aufhören. Im Jahr 2008 beispielsweise rauchten von den 12- bis 17-jährigen Jugendlichen insgesamt 15,4 %.
Der Einstieg in das Rauchen wird durch verschiedene Faktoren begünstigt:
10 • Rauchende Eltern dienen oft als schlechtes Vorbild.
• Gleichaltrige Freunde beeinflussen, ob Jugendliche mit dem Rauchen anfangen, da sie das Rauchen als Norm unterstützen.

12- bis 17-jährige Raucherinnen und Raucher

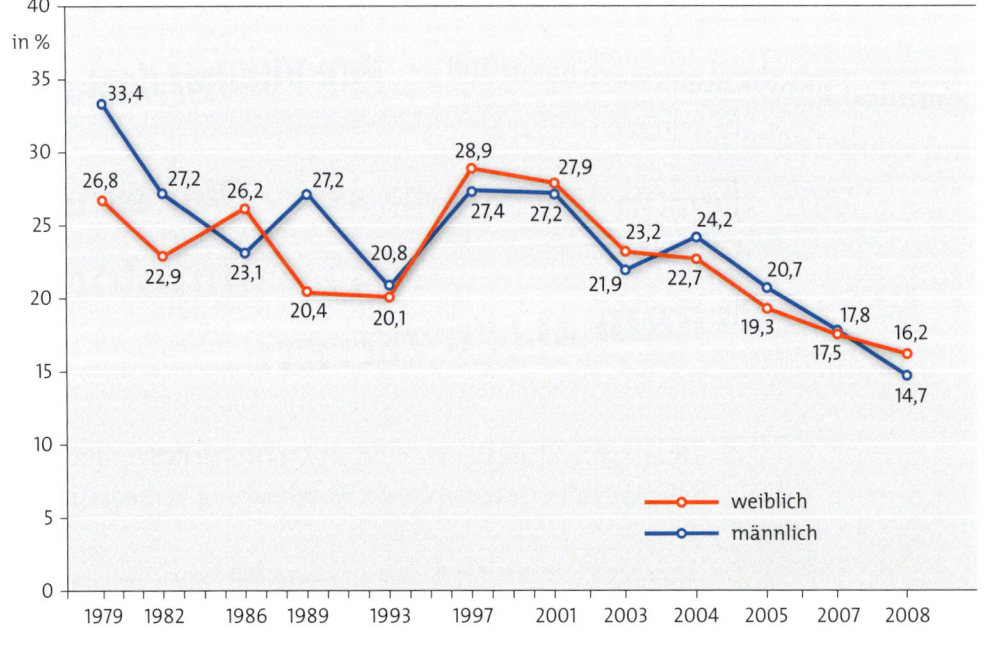

• Zigaretten werden durch Zusatzstoffe, z. B. Kakao und Menthol, verträglicher gemacht, sodass das Rauchen eher wie ein Genuss wirkt.

15 • Auch die Werbung trägt dazu bei, denn sie verstärkt gezielt die Motivation von Kindern und Jugendlichen zum Rauchen.

Viele jugendliche Raucherinnen und Raucher zwischen 12 und 25 Jahren möchten aufhören zu rauchen. Diese Zahl hat bis 2008 deutlich zugenommen:

• 64 % möchten aufhören zu rauchen oder weniger rauchen.

20 • 72 % haben schon einmal oder mehrmals versucht aufzuhören.

Die Quote der rauchenden Jugendlichen in Deutschland hat im Jahr 2008 den tiefsten Stand der letzten 20 Jahre erreicht.

A Texte verstehen

2 P

1 Lies den Text noch einmal und schreibe auf, welches Thema angesprochen und welche Hauptaussage gemacht wird.

Der Text beschäftigt sich mit _____

_____

3 P

2 Stelle zu den folgenden Fragen Schlüsselwörter zusammen.

1 Wie hoch ist das durchschnittliche Einstiegsalter für Raucher in Deutschland?

_____

2 Welche Faktoren begünstigen den Einstieg ins Rauchen?

_____

3 In welchen Gruppen ist der größte Raucheranteil zu verzeichnen?

_____

3 P

3 Lies den Text noch einmal und markiere die Schlüsselwörter.

3 P

4 Lies die markierten Textstellen genau und beantworte die Fragen aus Aufgabe 2. Schreibe in dein Heft.

6 P

5 Betrachte das Diagramm und formuliere die Angaben zur Raucherquote der Jahre 1988, 1998, 2008 jeweils in einem Satz.

_____

_____

_____

2 P

6 Suche im Diagramm den jeweils höchsten und niedrigsten Wert der Raucherquote bei Jungen und Mädchen heraus. Formuliere deine Feststellungen.

_____

_____

_____

_____

_____

_____

1 P

7 Wann ist der Unterschied im Rauchverhalten zwischen Mädchen und Jungen am größten? Formuliere die Antwort in einem Satz.

_____

_____

_____

10 P

8 Veranschauliche die Informationen aus dem Text und dem Diagramm (S. 74–75) in einer Mindmap.

Raucherquote

begünstigende Faktoren

Rauchen bei Jugendlichen

größter Raucheranteil

Einstiegsalter

B Grammatik

4 P

9 Verdichte die Aussagen in den unterstrichenen Nebensätzen, indem du Nominalisierungen bildest.

1 <u>Wenn Kinder und Jugendliche früh rauchen</u>, werden sie schnell abhängig.

_____

_____

_____

2 Jugendliche beginnen oft mit dem Rauchen, <u>wenn gleichaltrige Freunde sie beeinflussen</u>.

_____

_____

_____

3 <u>Wenn dem Tabak z. B. Menthol zugesetzt wird</u>, bringt das Rauchen mehr Genuss.

_____

_____

_____

4 <u>Wenn jemand aufhören will</u>, ist das gar nicht so leicht.

_____

_____

4 P

10 Bestimme, ob die Verben im Aktiv oder im Passiv stehen.

1 Das Rauchen wurde schon in verschiedenen altamerikanischen Kulturen rituell

betrieben. (_____)

2 Auf Darstellungen von 600–500 v. Chr. sieht man rauchende Maya-Priester.

(_____)

3 Die Priester zündeten heilige Feuer an. (_____)

4 Dann wurde der Tabakrauch inhaliert. (_____)

5 Christoph Columbus dokumentierte am 6. November 1492 zum ersten Mal den

Tabakkonsum von Einheimischen auf der Insel Kuba. (_____)

4 P

11 Forme die Aktivformen in Passivformen in derselben Zeitform um.

1 Erste Hinweise auf die Tabakpflanze in Europa finden Forscher in Berichten aus dem Jahre 1497.

_____

_____

_____

2 Die Europäer rauchten zu diesem Zeitpunkt wahrscheinlich andere Pflanzen, wie z. B. Lavendel.

_____

_____

3 Zar Michail Romanow hat im 17. Jahrhundert in Russland das Rauchen mit Verbannung und sogar Hinrichtung bestraft.

_____

_____

_____

4 In anderen Gebieten Europas hatten clevere Geschäftsmänner 1625 die Tabaksteuer eingeführt.

_____

_____

7 P

12 Setze die fehlenden Kommas und begründe deine Entscheidung. (Für jedes richtige Komma und jede richtige Begründung gibt es einen halben Punkt.)

1 Es gibt viele Gründe warum man mit dem Rauchen aufhört. (_____)

2 Nehmen wir mal an dass jemand seit vielen Jahren raucht. (_____)

3 Was passiert wenn er das Rauchen aufgibt? (_____)

4 Nachdem er seine letzte Zigarette geraucht hat normalisiert sich nach 20 Minuten sein Blutdruck. (_____)

5 Bereits 24 Stunden nachdem er das Rauchen aufgegeben hat ist das Herzinfarktrisiko schon bedeutend geringer. (_____)

6 Nach spätestens neun Monaten lassen der Husten die Verstopfung der Nasennebenhöhle die Müdigkeit und die Kurzatmigkeit nach. (_____)

5 P

13 Verändere den Text so, dass Wiederholungen vermieden werden und die inhaltliche Verknüpfung der Sätze verbessert wird. Schreibe den korrigierten Text in dein Heft.

Tabak ist einer der bestverkauften Konsumartikel der Welt. Tabak verfügt über unzählige Stammkunden. Die Hersteller brüsten sich mit stolzen Gewinnen. Die Hersteller rühmen sich ihrer wirtschaftlichen Macht. Die Hersteller haben nur ein einziges Problem: Die besten Kunden sterben den Herstellern ständig weg.
In der Zeitschrift „The Economist" wird festgestellt, dass die Zigarette die einzige legale Droge auf der Welt ist. Die Zeitschrift sagt weiter, dass Zigaretten ihre Verbraucher süchtig machen. Außerdem stellt die Zeitschrift fest, dass Zigaretten den Tod verursachen können.

C Rechtschreibung

1 P

14 Ordne die folgenden Wörter nach dem Alphabet.

Rauchen – Raucherinnen – geraucht – Raucheranteil – rauchten – rauchende

_____

_____

6 P

15 Ermittle die richtige Schreibung der folgenden Wörter mithilfe der Verwandtschaftsprobe. Schreibe je ein stammverwandtes Wort auf.

1 frü____er – _____

2 durchschni____lich – _____

3 verträ____lich – _____

4 Genu____ – _____

5 Stan____ – _____

6 beeinflu____en – _____

4 P

16 Setze *dass* oder *das* ein und begründe deine Entscheidung.

1 _____ Rauchen ist besonders schädlich für Kinder und Jugendliche.

(_____)

2 _____ Rauchen die Gesundheit gefährdet, steht auf jeder Zigarettenschachtel. (_____)

3 Es ist auch bekannt, _____ man passiv raucht, wenn man sich in einem Raum mit Rauchern befindet. (_____

4 _____ unfreiwillige Einatmen der giftigen Inhaltsstoffe der Zigaretten erhöht die Gefahr von ernsthaften Krankheiten. (_____)

17 Setze die Tageszeiten in der richtigen Schreibung in die Lücken ein.

5 P

> ABENDS – GESTERN – HEUTE MORGEN – MORGENS – DONNERSTAGABEND

1 Mein Onkel muss schon _____ vor dem Früh-

stück die erste Zigarette rauchen.

2 _____ war seine Zigarettenschachtel plötzlich alle.

3 Dabei hatte er erst _____ eine Schachtel gekauft.

4 Jeden _____ geht mein Onkel zum Fußballspielen.

5 Und _____ nach dem Sport hat er beschlossen,

nicht mehr zu rauchen.

18 Ordne Beispiele aus dem Text (S. 74) richtig zu.

7 P

Konsonantenverdopplung nach kurzem Stammvokal (3 Beispiele): _____

_____

Wörter mit Dehnungs-*h* im Wortstamm (3 Beispiele): _____

_____

Wörter mit silbenöffnendem *h* (1 Beispiel): _____

19 Erkläre mithilfe eines Nachschlagewerks die folgenden Fremdwörter.

2 P

Menthol: _____

Kakao: _____

_____

D Texte schreiben

20 In der Zeitschrift „Jugend heute" ist eine Leserdiskussion zum Jugendschutz
entbrannt. Beteilige dich mit einem Leserbrief an der Diskussion „Sollte die Einhal-
tung des Jugendschutzgesetzes stärker kontrolliert werden?".
Gehe dabei so vor:
- Überlege zuerst, für wen und warum du den Leserbrief schreibst.
- Formuliere kurz deine Meinung zur diskutierten Frage.
- Sammle Begründungen, die du anführen möchtest. Ordne sie nach ihrer Über-
  zeugungskraft. Stelle die überzeugendste Begründung an den Schluss.
- Schreibe einen Entwurf deines Leserbriefs und überarbeite ihn anschließend.
- Beachte dabei, was du über das Schreiben offizieller Briefe gelernt hast. (Denke
  dir die Anschrift der Redaktion selbst aus.)

P

TIPP
Das Jugendschutz-
gesetz erlaubt Rau-
chen in der Öffent-
lichkeit erst ab 18
Jahren.